Fe Radical

Tim Baker

BETANIA
Un Sello de Editorial Caribe

Betania es un sello de Editorial Caribe, Inc.

Una división de Thomas Nelson, Inc.
Nashville, TN-Miami, FL, EE.UU.
www.caribebetania.com

Título en inglés: *Extreme faith: twelve radical young believers from the Bible who changed our world*
© 2000 por Thomas Nelson, Inc.
Publicado por Thomas Nelson, Inc.

Traductor: Ricardo Acosta

ISBN: 0-88113-741-3

Impreso en EE.UU.
Printed in U.S.A.

Contenido

Introducción

Radical.

¿Qué imágenes pasan por tu mente cuando oyes esta palabra? ¿Gente rapándose la cabeza o pintándose el abdomen con los colores de sus equipos favoritos? ¿Chiflados saltando en *bungee* [cable de resorte] desde un puente? ¿Dando volteretas en bicicletas BMX?

Es cierto, cosas como esas son radicales, pero no tienes que pelear con cocodrilos para ingresar al Salón de la Fama de los Radicales que aquí se incluyen. Puedes ser un fanático de los deportes radicales y perder la oportunidad de llevar una vida de fe radical. Este libro trata de héroes radicales con fe radical.

Puedes ser un héroe radical sólo por la manera en que vives.

Las personas que voy a presentarte no fueron atletas famosos, ni pilotos de autos ni estrellas de cine. Fueron individuos de la antigüedad. No se dieron a conocer por crear un nuevo medicamento que curara enfermedades fatales. Se les conoció por confiar radicalmente en Dios en medio de las circunstancias más radicales de la vida cotidiana. Todos enfrentaron desafíos. Algunos enfrentaron enemigos gigantes que parecían invencibles. Otros enfrentaron situaciones que retaban su confianza en Dios. Todos vivieron su fe hasta el radical. Ejercitaron el regalo invisible que el Señor nos da: la capacidad de confiar en Dios y de verlo cuando otros no pueden.

Pasa algún tiempo con esas personas. Conócelas. Esto es lo que descubrirás:

Amor por Dios.

Confianza.

La certeza de que tendrían éxito a pesar de la situación.

La seguridad de que Dios las había llamado a una manera radical de vivir.

En otras palabras, una fe radical.

¿Y qué de ti?

Digamos que dentro de miles de años mucha gente leerá algunas historias sobre tu vida. Sabrán cómo viviste, a quién amaste y qué lograste. ¿Leerán sobre ti y dirán: «Vaya. Necesito esa clase de fe»?

Fe radical incluye doce historias de jóvenes, sacadas de las páginas históricas de la Biblia. Fueron personas que existieron de verdad. Quizás las historias sean antiguas, pero lo que enfrentaron y sintieron fue muy parecido a lo que enfrentamos y sentimos hoy día. Aquí encontrarás lecciones sobre cómo ser amigo, cómo tratar con tus padres, cómo enfrentar enemigos, cómo comportarte ante la persecución, y mucho más. Incluso leerás sobre doce jóvenes modernos que están aplicando hoy día estas lecciones.

¡Da el brinco y sumérgete! Haz tuya estas historias. Lleva tu fe al extremo, asimila los principios por los que estos jóvenes vivieron, y adóptalos en tu vida. Si lo haces, te convertirás en un ejemplo vivo de lo que es la fe radical.

Bienvenido a la aventura.

1

Isaac:

Sacrificio radical

Sara se rió cuando oyó que Dios iba a darles un hijo a ella y a Abraham. Se rió porque ya había cumplido noventa años de edad. La promesa de un hijo debió haberle parecido demasiado buena para ser cierta. Abraham y Sara no habían tenido hijos y casi habían renunciado a ello. Entonces Dios les hizo una promesa, que traería esperanza y provocaría risa. Luego esa promesa produjo un niño saludable, curioso y bullicioso llamado Isaac.

¿Puedes imaginarte los rostros de los padres de Isaac mientras, demasiado cansados para perseguir al pequeño por el patio, lo vigilaban desde la ventana?

—Cielos, Abraham, solo míralo. Está creciendo demasiado rápido. Me gustaría que pudiéramos seguirlo. ¿Sabes? En mis días de juventud le habría dado tremenda carrera.

—Bueno, Sara, no recuerdo que corrieras mucho.

—Pues bien, lo habría logrado. Mira cómo patea esa pelota. Tiene mucha habilidad.

Es posible que Abraham y Sara se volvieran a reír cada vez que observaban a Isaac. Quizás soltaban una risita ante lo que Dios había hecho de modo asombroso, al darles este niño.

Dios les había dado un obsequio increíble.

Entonces, un día el Señor puso a prueba la propiedad de ese regalo. Le pidió a Abraham que renunciara a su hijo, que lo sacrificara ante un altar de adoración. La gente hacía esas cosas en aquellos días, pero te aseguro que ese fue un pedido extraño y asombroso de parte de un Dios que prometió descendientes a una pareja con un solo hijo.

Quién, qué, dónde, cuándo

Isaac era el único hijo de Abraham y Sara. Probablemente nació en Beerseba. El bebé era un milagro porque sus padres eran muy ancianos cuando nació.

Nunca se nos dijo que Abraham cuestionara a Dios.

El Señor le dijo: «¡Entrega al niño!» y Abraham comenzó a preparar el viaje.

Por difícil que esto pueda haberle parecido a Abraham, imagínate por un momento que eres Isaac. Te llevas bien con la familia y solo estás buscando algo que hacer. No quieres ir al campo de la familia, por lo que esperas que ocurra algo.

Mientras reflexionas, tu papá te llama.

—Oye, Isaac, vamos a dar una vuelta —mientras comienza a cortar leña.

—*¡Crac!*

—¿Para qué es esa madera, papá?

—*¡Crac!*

—Papá, ¿para qué es esa madera?

—*¡Crac!*

—Papá, ¿vas a sacrificar algo?

—*¡Crac!*

Isaac conocía muy bien las costumbres de su padre. No había confusión acerca del significado de los preparativos que hacía.

Aquí es donde la historia se pone interesante, y donde la disposición de Isaac para el sacrificio va de normal a radical.

Estos dos hombres, padre e hijo, uno viejo y otro joven, comenzaron su excursión de tres días. Se tenían uno al otro e iban con ellos dos sirvientes. Sin embargo, ¿puedes imaginarte lo solos que se sentían Abraham e Isaac porque Abraham guardaba un duro secreto entre ambos?

¿Acaso no crees, a pesar de las maneras en que Dios había probado a Abraham durante años, que debió haberle cuestionado? ¿Qué crees que estaría pensando? ¿Injusto? ¿Solicitud ridícula? Tal vez mentalmente agitó el puño ante Dios mientras caminaban hacia el lugar en que Isaac sería sacrificado. *¿Mi hijo? Daría mi mejor cabra o mi mejor vaca. Posiblemente un sirviente. Y con seguridad hasta yo mismo. Pero... ¿mi hijo?*

Creo que los pensamientos de Abraham habrían seguido ese camino. No obstante, los hombres no dejaban de caminar. Peor aun, me pregunto qué debió haber estado pensando Isaac. Después de tres días de andar, cuando subían la última montaña, Isaac finalmente lanzó su gran pregunta: «¿Dónde está el cordero para el sacrificio?»

Entrenamiento en el camino

¿Te interesa leer acerca de alguien más que estuvo dispuesto a ser sacrificado por el plan de Dios? Estudia la vida de Esteban (Hechos 6—7).

Abraham construyó un altar.

Abraham amarró a su hijo.

Abraham colocó a su hijo sobre el altar.

Abraham levantó el cuchillo en el aire. Apuesto a que lo levantó mucho. Me gusta pensar que lo sostuvo allí, esperando contra toda esperanza que Dios enviara un indulto en el último instante.

La mano en alto... esperando... hay sudor en los dedos... el cuchillo se vuelve resbaloso... el brazo se debilita...

Entonces, exactamente cuando Abraham estaba dispuesto a renunciar, a obedecer por completo a Dios, y a sacrificar a su hijo, el Señor proveyó otro sacrificio: un carnero trabado en el matorral.

Sin embargo, allí estaba Isaac... con los ojos puestos en el cuchillo.

La actuación de Isaac fue espectacular. La Biblia no narra que dijera algo en la cumbre de la montaña. Tampoco dice que hiciera algo. Simplemente se nos dice que un hombre muy, pero muy viejo, fue capaz de atar a un muchacho joven y fuerte, y ponerlo sobre el altar. ¿Qué le dice eso acerca de Isaac?

Isaac estaba dispuesto.

El silencio del muchacho lanza a gritos un mensaje. ¡Renuncia! ¡Ofrécelo! Entrega esa cosa real, tangible y necesaria en tu vida que Dios te está pidiendo. Ponte sobre el altar. Prepárate... no para ver cómo el Señor hace el sacrificio, sino para sacrificarte a ti mismo.

Dios pedirá todo. De todos modos, todo le pertenece. Nosotros solo tendremos lo que Él quiere que tengamos. Eso fue lo que sucedió con Isaac. Dios quería la disposición de Abraham, no a su hijo. Quería el corazón sacrificado de Isaac, no su vida.

El sacrificio de Isaac fue un verdadero sacrificio. No fue la clase de sacrificio falso en el que nos hemos especializado. Nos gusta ofrecerle a Dios todo lo insignificante que podemos encontrar en nuestra vida, las cosas que no echaremos de menos. Sin embargo, Dios no quiere esa basura. Él quiere la cabeza que calculó el movimiento falso y mezquino para poner en primer lugar lo inservible.

Él lo quiere todo. Él nos quiere a *nosotros*.

¿Qué haces cuando Dios te pide como sacrificio?

Vas al altar, te colocas encima y dejas que Dios provea.

Sacrificio radical. Hazlo.

Y deja que tu silencio hable por ti.

APLICACIÓN RADICAL

¿Quieres algo que te ayude a recordar lo que hizo Isaac, sin tener que memorizar, hacer una estrategia ni planificar cómo ser capaz de sacrificar ante el altar de Dios cualquier cosa que necesites?

Muy bien. Aquí va. Repite esto conmigo:

«Aquí estoy».

Dilo otra vez. Repítelo una y otra vez. ¿Te parece una tontería? Espero que no. Si no has leído el relato bíblico de Abraham mientras colocaba a su hijo sobre el altar y levantaba el cuchillo expiatorio sobre él, léelo ahora.

Piensa en esto: En estos versículos, Abraham dijo muchas veces: «Heme aquí». Lo dijo ante Dios. Lo dijo ante su hijo. Abraham expresó estas palabras. Isaac las *vivió*.

Permite que esto se asiente por un momento en tu cerebro. Reflexiona en la diferencia. Muy bien, Abraham dijo las palabras y las vivió. Pero Isaac también las vivió.

¿Has sentido alguna vez que estás hablando pero no estás viviendo lo que dices? ¿Has pasado una de esas largas noches de insomnio tendido en cama? ¿Reflexionas, reflexionas y reflexionas, solo para descubrir todas tus fallas espirituales? Sientes que vivir como Isaac está a un millón de kilómetros y que nunca vivirás a esa altura.

> **Instantáneas**
>
> ¿Quieres saber más acerca de Isaac? Lee Génesis 24 y 25.

Tranquilo.

Échale un breve vistazo a la vida de Isaac.

Se entregó

Isaac se dio a sí mismo. Paso uno. Importante primer paso.

No olvides esto. Isaac probablemente vio el cuchillo en la mano de su padre mientras yacía en el altar. Lo vio. Sabía lo que estaba ocurriendo. Y aun así permaneció acostado.

Isaac perdió todo en ese paso. En un momento de abandono decidió, me imagino, entregar todo lo que sabía de la vida, de su padre y de Dios.

Observó a su padre

Piensa en Isaac sobre el altar. No se dice que se estuviera retorciendo. No se dice que intentara huir. Aunque quizás sus ojos quemaban el torso de Abraham mientras intentaba comprender todo.

¿Y qué de ti? Dios a menudo nos llama a un sacrificio, y desistimos, miramos a lo lejos y olvidamos. Llega el desánimo. El temor nos impide actuar. Olvidamos mantener nuestros ojos en el único digno de confianza en un mundo sin sentido.

¿Qué deberías preguntarte ahora que conoces de la vida de Isaac?

Una pregunta. Sencilla. ¿Qué me está pidiendo Dios que sacrifique?

Eso es todo.

Tómalo en serio y estremecerá tu mundo.

Entrégate.

Mira a Dios. Quémale el torso con la mirada. Mantén tus ojos en Él.

Si puedes hacer esto, tu sacrificio será radical. Tu silencio hablará a gritos. El altar donde estás parecerá una cama hecha desde el principio de la eternidad. Y hecha sólo para ti.

Sacrificio radical.

Dios tiene un altar con tu nombre en él.

MI VIDA

Tómate un momento para pensar en la idea del sacrificio radical. Usa estas preguntas para ayudarte a aplicar en tu vida lo que acabas de leer:

→ ¿Qué dice la actuación de Isaac en el altar acerca del sacrificio?

→ ¿Por qué crees que Dios le pidió a Abraham que sacrificara a su hijo?

→ ¿Por qué es importante el sacrificio?

→ ¿Cuándo has tenido que sacrificar algo?

→ ¿Qué es lo más difícil para ti acerca de sacrificar algo?

→ ¿Qué has aprendido sobre el sacrificio a través de esta historia?

→ ¿Cómo el conocer acerca de Isaac te ayudará a sacrificar lo que Dios te pide?

→ ¿Qué quiere Dios que sacrifiques?

→ ¿Qué te impide sacrificar lo que Dios pide?

→ ¿Qué necesitas para obedecer y seguir adelante con ese sacrificio?

TODA LA VERDAD

La historia de Isaac en Génesis 22.1-14

Aconteció después de estas cosas, que probó Dios a Abraham, y le dijo: Abraham.

Y él respondió: Heme aquí.

Y dijo: Toma ahora tu hijo, tu único, Isaac, a quien amas, y vete a tierra de Moriah, y ofrécelo allí en holocausto sobre uno de los montes que yo te diré.

Y Abraham se levantó muy de mañana, y enalbardó su asno, y tomó consigo dos siervos suyos, y a Isaac su hijo; y cortó leña para el holocausto, y se levantó, y fue al lugar que Dios le dijo. Al tercer día alzó Abraham sus ojos, y vio el lugar de lejos. Entonces dijo Abraham a sus siervos: Esperad aquí con el asno, y yo y el muchacho iremos hasta allí y adoraremos, y volveremos a vosotros.

Y tomó Abraham la leña del holocausto, y la puso sobre Isaac su hijo, y él tomó en su mano el fuego y el cuchillo; y fueron ambos juntos. Entonces habló Isaac a Abraham su padre, y dijo: Padre mío.

Y él respondió: Heme aquí, mi hijo.

Y él dijo: He aquí el fuego y la leña; mas ¿dónde está el cordero para el holocausto?

Y respondió Abraham: Dios se proveerá de cordero para el holocausto, hijo mío. E iban juntos.

Y cuando llegaron al lugar que Dios le había dicho, edificó allí Abraham un altar, y compuso la leña, y ató a Isaac su hijo, y lo puso en el altar sobre la leña. Y extendió Abraham su mano y tomó el cuchillo para degollar a su hijo. Entonces el ángel de Jehová le dio voces desde el cielo, y dijo: Abraham, Abraham.

Y él respondió: Heme aquí.

Y dijo: No extiendas tu mano sobre el muchacho, ni le hagas nada; porque ya conozco que temes a Dios, por cuanto no me rehusaste tu hijo, tu único.

Entonces alzó Abraham sus ojos y miró, y he aquí a sus espaldas un carnero trabado en un zarzal por sus cuernos; y fue Abraham y tomó el carnero, y lo ofreció en holocausto en lugar de su hijo. Y llamó Abraham el nombre de aquel lugar, Jehová proveerá. Por tanto se dice hoy: En el monte de Jehová será provisto.

> Nos gusta ofrecerle a Dios todo lo insignificante que podemos encontrar en nuestra vida, las cosas que no echaremos de menos. Sin embargo, Dios no quiere esa basura. Él quiere la cabeza que calculó el movimiento falso y mezquino para poner en primer lugar lo inservible.

RADICALES MODERNOS

Sacrificio. Esta palabra que se oye mucho hoy día. ¿Quieres una nueva chaqueta para el invierno? Sacrifica algunas comidas y deposita en el banco el dinero que ahorras. ¿Quieres ser mejor deportista? Sacrifica el tiempo con sus amistades y entrena.

No obstante, cuando miras la vida de Bradley, el sacrificio es algo muy distinto. Él ha aprendido el significado del sacrificio sin saberlo.

¿Qué sacrificó Bradley? ¿Su familia? No, Dios no le pidió directamente que renunciara a su familia. Pero en cierto sentido lo hizo porque le pidió a Bradley que se mantuviera confiando en Él, aun cuando perdió la familia.

> **Verdad extrema**
>
> *Isaac creía que el plan de Dios era más importante que cualquier cosa, incluyendo su vida.*

Desde que Bradley tenía seis meses de edad ha vivido en distintos hogares con diferentes personas. Cinco años es el tiempo máximo que ha vivido en un lugar con un grupo de personas. Su madre se fue cuando tenía seis meses de nacido. Luego vivió con su papá y sus abuelos. A veces con su padre, y otras veces sin él y sólo con sus abuelos. A veces ha vivido con su papá en un remolque de tres metros sin instalaciones de agua. Ha visto de todo. Bienvenido a la vida de Bradley.

Bradley ha vivido toda una vida en dieciocho años. Haber pasado de casa en casa y de familia en familia no fue lo peor. El año pasado enviaron a su papá a prisión por un año, y Bradley ha estado viviendo con unos amigos de su papá por los dos últimos años.

Sacrificio. Es cuando lo pierdes todo, lo aceptas y sigue adelante. No tienes que renunciar voluntariamente. Pero cuando entre-

> **¿Qué tal si...?**
>
> ¿Qué tal si Isaac hubiera luchado con su padre, hubiera huido y no le hubiera vuelto a hablar? No habrían visto la provisión de Dios y no habrían aprendido que Dios es digno de confianza.

gas ese algo aprendes a vivir como una persona realizada, aun sin eso que perdiste. Ese es Bradley.

Esto es lo increíble acerca de Bradley: no tiene idea de lo que ha sacrificado. No malinterpretes; él está muy consciente de lo que falta en su vida. Es más, habla con mucha emoción de su trasfondo. Pero cuando le preguntas acerca de los sacrificios que ha tenido que hacer, rápidamente le resta importancia a lo difícil que ha sido su vida.

Bradley dice de sí: «Si me preguntas, te diré que soy la persona más bendecida del mundo».

¿Bendecido? No ha tenido hogar estable. Su mamá desapareció. Su papá está preso. Ha vivido en un remolque de tres metros sin instalaciones de agua. ¿Y cree que ha sido bendecido?

En una época en que los adolescentes no miran muy lejos en busca de algo para quejarse, Bradley se levanta como un monumento. Ha perdido casi todo lo que la mayoría de las personas consideran esencial para sobrevivir. Pero ha tomado todo eso y lo ha convertido en su motivación para sobrevivir. Seguro, es bendecido. Él va a un colegio muy bueno. Y como ha sobresalido en atletismo, pronto ingresará a una de las mejores universidades del país.

¿Cuál es la lección de la vida de Bradley? Quizás sea que en el sacrificio hay ganancia. Tienes que renunciar a cosas que son importantes, incluso esenciales, para obtener bendiciones increíbles. «Trato de no pensar en lo malo. Intento sacar lo mejor de eso». Estas son palabras de Bradley. Renuncie. Entregue. Y espere lo bueno.

Esto es sacrificio radical.

2

José:

Devoción radical

«**En verdad que esto está bien oscuro.** Me pregunto cuándo dejarán mis hermanos de hacer tonterías. Qué montón de holgazanes».

Así se sentía José. Puesto que no había luz alguna en el fondo de la cisterna, esto era en realidad todo lo que podía hacer.

Paf... paf... paf. José tocaba suavemente en el barro, buscando un lugar seguro dónde moverse. Mientras más tocaba, más barro encontraban sus manos y más miedo sentía. Oía cosas que se movían a su alrededor. ¿Serpientes? ¿Ranas? ¿Ratones?

José esperó por lo que le pareció una eternidad.

«A papá le va a dar mucho, pero mucho coraje cuando le cuente esto. Les echaré la culpa a estos hermanos míos». Quizás José comenzó a hacer una de esas listas mentales acerca de «qué hacer», mientras se revolcaba en el fondo de la cisterna. «Haré esto cuando salga de aquí:

1. Les esconderé las esterillas de dormir.
2. Pondré mosquitos muertos en sus manos cuando estén durmiendo y les haré cosquillas en la nariz.
3. Robaré sus camellos».

¿De todos modos, qué estaba haciendo José en el fondo de una cisterna? Retrocedamos un poco.

Hacía muy poco tiempo José había tenido el más increíble de los sueños. Al día siguiente su postura era diferente. Su pecho se notaba. Tenía la barbilla en alto. Y con el rostro erguido le contó el sueño a su familia. «Miren muchachos, esto fue lo que ocurrió. Ustedes se estaban inclinando ante mí y, bueno, yo los gobernaba».

Silencio. Algunas quijadas en el suelo. Todos perplejos. Diez hermanos disgustados.

Por eso, mientras José estaba dentro del pozo, sus hermanos estaban arriba discutiendo cómo estremecer el ordenado mundo de José.

José era el undécimo de los doce hijos de Jacob. Su madre se llamaba Raquel. Su hermano menor era Benjamín. Nació en un lugar llamado Padan-aram.

> ***Quién, qué, dónde, cuándo***
>
> José era el undécimo de los doce hijos de Jacob. Su madre se llamaba Raquel. Su hermano menor era Benjamín. Nació en un lugar llamado Padan-aram.

—Quiero matarlo. Mi deseo es que desaparezca. Aquí mismo. Muerto —dijo uno de los hermanos.

—Un momento, él es nuestro hermano —dijo otro—. Es *mi* hermano. Nada de eso. Ustedes no lo van a matar. Véndanlo, pero no lo maten. Piensen en papá. Lo acabaríamos si se llega a enterar que matamos a José.

Los hermanos de José tramaban algo malo. Eran chicos trabajadores. Pero ese día la ira le ganó al trabajo. Estaban echando chispas.

—Imagínense, inclinándonos ante él —comentó otro—. Qué barbaridad. ¿No sabe quienes somos? Somos *mayores*. *Él* debería inclinarse ante *nosotros* por lo que hemos hecho por él. Tiene un sueño realmente bueno y ahora se cree el rey. Imagínense.

Los hermanos de José estaban actuando de modo natural. Tal vez creas que merecía el castigo. Después de todo, era casi el menor de la familia pero les estaba diciendo que ellos iban a servirle. Quizás José era codicioso y deseaba mucha atención debido a lo que había soñado, o solo estaba emocionado, o tal vez no midió las consecuencias de lo que dijo a sus hermanos. Lo que sí es seguro es que se metió en grandes problemas. Por eso estaba sentado en el fondo de una cisterna. Por eso, y por el hecho de que su padre le había dado un trato especial, sus hermanos estaban resentidos y cuando tuvieron la oportunidad se vengaron de él.

> Quizás José era codicioso y deseaba mucha atención debido a lo que había soñado, o solo estaba emocionado, o tal vez no midió las consecuencias de lo que dijo a sus hermanos. Lo que sí es seguro es que se metió en grandes problemas.

La venganza de sus hermanos no se detuvo en la cisterna. Cuando abrieron la tapa y Judá le lanzó una cuerda, sería lógico suponer que José pensara: *¡Uf! Esto fue rápido. Quizás decidieron perdonarme. Espero que no haya malos sentimientos.* Sin embargo, cuando lo subieron se encontró rodeado por una banda de madianitas viajeros. Gitanos. Vendedores de puerta a puerta. José sabía las consecuencias. Estaba a punto de comenzar un viaje.

—Les daremos diez siclos por el muchacho —quizás hayan regateado los madianitas—. ¿Ven esos brazos delgados? No vale mucho. Diez siclos, ¡tómenlos o déjenlos!

—¿Diez siclos? —tal vez los hermanos rebatieron las negociaciones—. El muchacho ha trabajado en el campo desde que nació. Miren sus manos y sus piernas. Puede hacer el trabajo de diez muchachos de su edad. Digamos treinta siclos y han hecho un gran negocio.

—Les daremos veinte.

—Trato hecho.

Antes que se diera cuenta, José estaba en la parte trasera de la carretilla y se dirigía a Egipto. Los vendedores tenían una nueva remesa de mercancía, y José era parte de ella.

Una vez que llegaron a Egipto, los madianitas vendieron a José a Potifar, un funcionario de la casa del Faraón. Definitivamente este era un paso en la dirección correcta si empiezas en el fondo de un pozo. Sin embargo, mientras vivió en la casa de Potifar, José fue prácticamente atacado por la esposa de Potifar.

—Acuéstate conmigo —decía ella una y otra vez.

Estamos hablando de acoso sexual. La mujer quería que José traicionara a su jefe y a su moral. Como José no aceptó sus demandas, ella lo acusó falsamente de intento de violación.

Lo siguiente que supo José fue que lo llevaron a prisión, aun cuando se mantuvo firme e hizo lo correcto. ¿No crees que debió sentirse como si lo hubieran lanzado nuevamente al fondo de otra cisterna? ¡Este joven no podía ganar porque perdía!

De alguna manera José sacó bien del mal. Se convirtió en un recluso tan confiable que los guardias le pedían ayuda. Luego se reunió con dos convictos de la corte del rey. Interpretó para ellos algunos sueños y, efectivamente, sus interpretaciones resultaron ser ciertas. Uno de los siervos murió y el otro fue devuelto a la corte del rey.

En este punto la situación se vuelve interesante de verdad. Cuando ese segundo siervo volvió a su trabajo, estaba en la posición perfecta de alardear acerca de José. El rey tuvo algunos sueños originales, y llamaron a José para que los interpretara. El rey llegó a confiar en José y, ¡quién lo iba a decir!, no sólo lo liberó de prisión sino que también lo convirtió en vicepresidente... o virrey... o segundo al mando, como se quiera ver.

Entrenamiento en el camino

¿Te interesa leer sobre otra persona que mostró radical devoción a Dios? Estudia la vida de Pedro (Juan 21.15-19).

Imagínate esto. José comenzó con un enorme cero al fondo de un pozo, un lugar donde nadie podía verlo y donde no tenía poder. Y ascendió hasta un lugar de poder reservado para los más educados, la clase de lugar donde siempre va la gente perfecta y hermosa. Ese no era un lugar para el habitante de cisternas. ¿Cómo llegó José allí?

Devoción.

Una palabra. Ocho letras. Un término corto y sencillo tan repleto de significado que es como una explosión. Pero, no te pierdas esto. No era devoción a su apariencia. Ni siquiera a su «llamado» o carrera. Él sentía una devoción hacia Dios que le «volaría la cabeza» a la mayoría de nosotros.

¿No te parece la gran cosa? ¿No estás convencido de que José hizo algo impresionante? ¡Piénsalo bien! ¿Cuál hubiera sido tu reacción si tus hermanos te odiaran tanto como para lanzarte a una cisterna? ¿Podrías resistir la ira y el resentimiento y ser leal a la manera de vida de Dios? Muy bien. Vamos al siguiente paso.

Tus hermanos te odian. Te lanzan a una cisterna. *Luego* te venden como esclavo. ¿Cómo mantener firme tu devoción? ¿Te sentirías agradecido que Dios te hubiera llamado a soportar este tiempo de sufrimiento?

Instantáneas

¿Quieres saber más acerca de José? Lee Génesis 40–43.

Ahora añade a esto la pérdida de tu primer empleo porque te acusan de intento de violación. Agrega a *eso* varios años en prisión. Luego obtienes la libertad (solo tú puedes interpretar el sueño de un faraón enojado). ¿Todavía estás comprometido con hacer lo correcto?

Esto es lo chévere de la reacción de José. Lee una y otra vez el relato de su vida. ¿Qué cosas no encontrarás allí? Amargura. Ira. Venganza.

Lo que sí encontrarás es un muchacho que mantuvo su devoción a Dios en medio de todo lo malo que vivió. Incluso enfrentó a sus hermanos, años después, y les ofreció perdón y una invitación a hacer de Egipto su hogar.

Devoción.

Radicalmente impresionante.

APLICACIÓN RADICAL

Estamos hablando de la devoción de José. Y estás pensando: *Chico, esto es del Antiguo Testamento. Nada así podría ocurrir en la realidad.*

Esta bien. Te acepto esa. Esta historia de la vida de José *sí* podría parecer la última película de suspenso de un importante estudio de Hollywood.

Sin embargo, este relato es verdadero. (¿Sabes que se dice por ahí que a veces es más extraña la verdad que la ficción? Pues bien, ese dicho se hizo para historias como esta.) Entonces, ¿qué fue exactamente lo que hizo nuestro protagonista?

José se mantuvo enfocado en Dios

El compromiso de José era prueba de todo. Se mantuvo enfocado en Dios como un maratonista se enfoca en terminar la carrera. José sabía que la carrera sería larga. Sabía lo que se necesitaba para llegar a la meta. Sabía que debía correr solo. Sabía que quizás nadie lo estaría observando.

> **Verdad radical**
>
> *José sentía devoción por Dios sin importar las circunstancias que enfrentó.*

Excepto Dios.

A veces es fácil leer una historia, u oírla tan a menudo que lo obvio se vuelve tontería y fácil de olvidar. Pues bien, no dejes que eso suceda aquí. El triunfo de José estuvo en su incesante enfoque en Dios. Punto.

José mantuvo su devoción a Dios en circunstancias radicales

José se mantuvo en curso en medio de los sufrimientos más imposibles.

Odiado por sus hermanos.

Arrojado a una cisterna.

Vendido a gitanos.

Acusado de intento de violación.

Incomprendido.

Destruida su reputación.

Encarcelado.

¡Esto es radical!

La devoción radical te lleva a algunos lugares muy difíciles. Te lleva a la cárcel. Eres blanco de acusaciones. Te puede hacer parecer un idiota de buen vivir. Aun así, ¿estás listo?

Tal vez no te hayan vendido como esclavo, pero podrías estar metido hasta el cuello en una situación que te mantiene tan cautivo como entre barras y puertas cerradas. Tal vez no te entiendan y te acusen injustamente. Quizás las personas que deseas que te acepten se la pasan ofendiéndote. ¿Podrás mantener tu devoción a Dios como lo hizo José? ¿Puedes ponerte el disfraz de devoción radical y usarlo en toda situación difícil, incómoda, oscura y aterradora que enfrentes? ¿Puedes volverte un esclavo de Dios y encadenarte a Él para que estés seguro quién está al otro lado de la cadena en cada situación difícil que enfrentes?

Si puedes mantener tu devoción a Dios en cualquier situación que encuentres, estás viviendo como José.

Y eso es devoción radical.

MI VIDA

Tómate un momento para pensar en la idea de la devoción radical. Usa estas preguntas para que te ayuden a aplicar a tu vida lo que acabas de leer:

→ En una frase, ¿cómo honró José a Dios en el transcurso de su vida?

→ Si fueras José, ¿cómo te habrías comportado en todas esas situaciones?

- ¿Qué situaciones en tu vida sientes que están fuera de control?

- ¿Cómo estás confiando en Dios en estas situaciones?

- ¿Cómo puedes fortalecer tu devoción a Dios?

- ¿Qué pasos específicos puedes dar para mostrar a otros que estás consagrado a Dios?

- ¿Cómo puedes cambiar tu mundo como resultado de tu devoción a Dios?

TODA LA VERDAD

La historia de José en Génesis 37.2-36

José, siendo de edad de diecisiete años, apacentaba las ovejas con sus hermanos; y el joven estaba con los hijos de Bilha y con los hijos de Zilpa, mujeres de su padre; e informaba José a su padre la mala fama de ellos.

Y amaba Israel a José más que a todos sus hijos, porque lo había tenido en su vejez; y le hizo una túnica de diversos colores. Y viendo sus hermanos que su padre lo amaba más que a todos sus hermanos, le aborrecían, y no podían hablarle pacíficamente.

Y soñó José un sueño, y lo contó a sus hermanos; y ellos llegaron a aborrecerle más todavía. Y él les dijo: Oíd ahora este sueño que he soñado: He aquí que atábamos manojos en medio del campo, y he aquí que mi manojo se levantaba y estaba derecho, y que vuestros manojos estaban alrededor y se inclinaban al mío.

Le respondieron sus hermanos: ¿Reinarás tú sobre nosotros, o señorearás sobre nosotros? Y le aborrecieron aun más a causa de sus sueños y sus palabras.

Soñó aun otro sueño, y lo contó a sus hermanos, diciendo: He aquí que he soñado otro sueño, y he aquí que el sol y la luna y once estrellas se inclinaban a mí.

Y lo contó a su padre y a sus hermanos; y su padre le reprendió, y le dijo: ¿Qué sueño es este que soñaste? ¿Acaso vendremos yo y tu madre y tus hermanos a postrarnos en tierra ante ti? Y sus hermanos le tenían envidia, mas su padre meditaba en esto.

Después fueron sus hermanos a apacentar las ovejas de su padre en Siquem. Y dijo Israel a José: Tus hermanos apacientan las ovejas en Siquem: ven, y te enviaré a ellos.

Y él respondió: Heme aquí.

E Israel le dijo: Ve ahora, mira cómo están tus hermanos y cómo están las ovejas, y tráeme la respuesta. Y lo envió del valle de Hebrón, y llegó a Siquem.

Y lo halló un hombre, andando él errante por el campo, y le preguntó aquel hombre, diciendo: ¿Qué buscas?

José respondió: Busco a mis hermanos; te ruego que me muestres dónde están apacentando.

Aquel hombre respondió: Ya se han ido de aquí; y yo les oí decir: Vamos a Dotán. Entonces José fue tras de sus hermanos, y los halló en Dotán.

Cuando ellos lo vieron de lejos, antes que llegara cerca de ellos, conspiraron contra él para matarle. Y dijeron el uno al otro: He aquí viene el soñador. Ahora, pues, venid, y matémosle y echémosle en una cisterna, y diremos: Alguna mala bestia lo devoró; y veremos qué será de sus sueños.

Cuando Rubén oyó esto, lo libró de sus manos, y dijo: No lo matemos. Y les dijo Rubén: No derraméis sangre; echadlo en esta cisterna que está en el desierto, y no pongáis mano en él; por librarlo así de sus manos, para hacerlo volver a su padre.

Sucedió, pues, que cuando llegó José a sus hermanos, ellos quitaron a José su túnica, la túnica de colores que tenía sobre sí; y le tomaron y le echaron en la cisterna; pero la cisterna estaba vacía, no había en ella agua.

Y se sentaron a comer pan; y alzando los ojos miraron, y he aquí una compañía de ismaelitas que venía de Galaad, y sus camellos traían aromas, bálsamo y mirra, e iban a llevarlo a Egipto. Entonces Judá dijo a sus hermanos: ¿Qué provecho hay en que matemos a nuestro hermano y encubramos su muerte? Venid, y vendámosle a los ismaelitas, y no sea nuestra mano sobre él; porque él es nuestro hermano, nuestra propia carne. Y sus hermanos convinieron con él. Y cuando pasaban los madianitas mercaderes, sacaron ellos a José de la cisterna, y le trajeron arriba, y le vendieron a los ismaelitas por veinte piezas de plata. Y llevaron a José a Egipto.

> ¿Podrías ponerte el disfraz de devoción extrema y usarlo en toda situación difícil, incómoda, oscura y aterradora que enfrentes?

Después Rubén volvió a la cisterna, y no halló a José dentro, y rasgó sus vestidos. Y volvió a sus hermanos, y dijo: El joven no parece; y yo, ¿adónde iré yo?

Entonces tomaron ellos la túnica de José, y degollaron un cabrito de las cabras, y tiñeron la túnica con la sangre; y enviaron la túnica de colo-

¿Qué tal si...?

¿Qué si José se hubiera amargado o enojado? ¿Qué si se hubiera entregado a la esposa de Potifar o negado a interpretar los sueños de la gente? ¿Y qué si no hubiera perdonado el rechazo de sus hermanos? La historia habría cambiado para siempre.

res y la trajeron a su padre, y dijeron: Esto hemos hallado; reconoce ahora si es la túnica de tu hijo, o no.

Y él la reconoció, y dijo: La túnica de mi hijo es; alguna mala bestia lo devoró; José ha sido despedazado. Entonces Jacob rasgó sus vestidos, y puso cilicio sobre sus lomos, y guardó luto por su hijo muchos días. Y se levantaron todos sus hijos y todas sus hijas para consolarlo; mas él no quiso recibir consuelo, y dijo: Descenderé enlutado a mi hijo hasta el Seol. Y lo lloró su padre.

Y los madianitas lo vendieron en Egipto a Potifar, oficial de Faraón, capitán de la guardia.

RADICALES MODERNOS

Angie es una chica normal con una característica «anormal». Es sumamente consagrada. La menor de doce hermanos, vivió en Rusia la mayor parte de su vida, pero la familia se mudó a los Estados Unidos hace casi tres años. En Rusia tenía muchos amigos. Iba a la iglesia. Aun cuando la nación era comunista, su maestra le dejaba llevar su Nuevo Testamento a las clases. Ella pudo hablarles de Jesús a sus amigos espiritualmente hambrientos.

¿Por qué Angie vive con tanta devoción? ¿Cómo se ve esta característica en su vida?

Desde que se mudó de Rusia, la familia de Angie ha estado enviando dinero a amigos y familiares que viven allá. Los destinatarios utilizan el dinero para pagar cuentas y comprar alimentos; de otra manera a menudo pasarían hambre.

Eso es devoción, ¿no es así? Este es otro ejemplo.

En la escuela, las amistades son todo. Cuando eres un estudiante de otro país quieres hacer cualquier cosa para «encajar en el grupo». Todo movimiento que haces tiende a ser calculado y pensado, sólo para estar seguro que estás haciendo las cosas para que te acepten como parte del grupo.

Angie mantiene la devoción más arriba de la lucha diaria para la aceptación. En el colegio se hizo amiga de otra muchacha quien, por las políticas regulares de la vida escolar, se volvió una marginada. La chica perdió sus amigos, y a quienes la conocían se les «animaba» a no juntarse con ella.

¿Hizo Angie lo que le «animaron» a hacer? No. Ella no abandonó a su amiga. Arriesgó su popularidad y sus demás relaciones para continuar su amistad. Su dedicación la dominó.

Devoción radical. Esta característica se formó en Angie al ver que sus padres aun se preocupan por sus amigos necesitados en Rusia. Es vivir para otros.

Angie nos enseña una gran lección acerca de la devoción. No importa lo que los demás puedan decir de ti; no importa lo que puedas perder; permanecer junto a las personas con quienes te has comprometido a estar es más importante que lo que podrías perder. La ganancia en devoción vale más que lo que podrías perder.

Devoción. Es algo que muchos de nosotros podríamos tener un poco más. Es algo que la vida de Angie nos ayuda a comprender.

Esto es devoción radical.

3 Jonatán:

Amistad radical

Estaban abrazados en el campo. Las lágrimas rodaban por sus mejillas. Respiraban con agitación. Se miraban fijamente con ojos enrojecidos. En la distancia, un joven muchacho atravesaba el campo con las flechas que recogió.

Si escuchas con cuidado, puedes oír las palabras de despedida.

—Siempre te amaré, amigo mío. Significas todo para mí. Gracias por guardarme la espalda.

—Lo hice por amor a ti. No olvides lo que hemos vivido hasta aquí.

—No lo haré, ni en un millón de años.

David y Jonatán se estaban despidiendo y era doloroso.

¿Por qué se estaban despidiendo? ¿Por qué estaban en un campo? ¿Qué estaba haciendo el muchacho con las flechas?

Bienvenido a la amistad radical.

David y Jonatán probablemente se hicieron amigos cuando el primero trabajaba en la corte del rey Saúl, padre de Jonatán. Apuesto que jugaban en los patios. Quizás pateaban pelotas. Tal vez tenían mucho tiempo para hablar. Acerca de chicas. Acerca de cómo cada uno, algún día, dirigiría un ejército a una batalla victoriosa. Cada día que pasaban juntos era una oportunidad para conquistar un enemigo invisible o practicar una habilidad. Aprendieron a jugar juntos. Aprendieron a ser amigos.

La Biblia es clara acerca de su relación. Si lees 1 Samuel 18—20, descubrirá mucho sobre cómo Jonatán amaba a David, o viceversa. Eran los mejores amigos. Eran muy unidos. Se amaban mutuamente.

¿Cuánto? Mucho. Un montón. Como ya sabes, no conocerás realmente quiénes son tus amigos hasta que algo llega para poner a prueba la amistad. Con tanta frecuencia decimos frases como *mejores amigos* y *compañeros del alma*, que se han convertido más en etiquetas que en descripciones de importancia. Para David y Jonatán esos términos fueron probados, una prueba que finalmente los llevó a pararse en el campo, aferrados uno a otro en un abrazo definitivo.

Algunos antecedentes. El rey Saúl tenía un problema. Estaba loco. No me malinterpretes. En muchas maneras era un buen rey, pero tenía una aflicción que la Biblia describe como un «espíritu malo» (1 Samuel 16.14-15). Con el tiempo empeoró. Algo que parecía calmar la aflicción de Saúl era que David tocara el arpa para él. Eso se convirtió en el trabajo de David y por esto estaba con frecuencia en la corte de Saúl.

Durante este tiempo, David creció hasta convertirse en un joven increíble. Su reputación aumentaba. La gente pensaba de él como el guerrero de guerreros. Y la gran consideración que el pueblo le tenía a David hizo enojar a Saúl. Si lees los pasajes que describen la relación entre David y el rey, notarás que Saúl cada vez se enojaba más y era más hostil con David.

¿Qué tan enojado? ¿Qué tan hostil? Estas son algunas notas para que entiendas. Cuando aumentó el descontento del rey contra David, Saúl arrojó su lanza una vez contra Jonatán (su hijo, ¿recuerdas?), y dos veces contra David, e incluso maldijo a Jonatán (lee 1 Samuel 20.30). Y esto es bastante hostilidad.

Peor aún cuando recuerdas que estamos hablando de un rey. ¿Qué piensas cuando oyes la palabra *rey?* Yo pienso en compostura. Control. Veo la imagen de alguien en un traje real con algunos calvos secándole la frente a cada momento.

Sin embargo, veo una imagen distinta cuando pienso en el rey Saúl. Pienso en él como un hombre descuidado y loco, con cabello

Quién, qué, dónde, cuándo

Jonatán era el mayor de los hijos del rey Saúl. Era un soldado y ganó algunas batallas importantes. Murió con su padre luchando contra los filisteos. El rey David finalmente se hizo cargo del hijo de Jonatán, llamado Mefi-boset.

rebelde y despeinado. En los ojos de mi mente, tiene un tic nervioso. Siempre está mirando sobre los hombros para ver si está siguiéndolo alguien más fuerte o mejor parecido. Lleva una lanza adondequiera que va. Mira. Observa. Vigila. Anda en busca de alguien que lo mire de modo extraño. Es la paranoia personificada.

Saúl sentía eso por David. Lo quería muerto. Por eso fue que la amistad con Jonatán se puso a prueba. Por eso Jonatán tuvo que escoger. Él amaba a su padre y quería honrarlo. Pero su padre quería matar injustamente a su mejor amigo. Padre o amigo. Difícil decisión, además de peligrosa, pero necesaria para dos hombres unidos de corazón.

Saúl envió un mensaje por medio de sus siervos y de Jonatán. Quería muerto a David. No importaba dónde, cuándo o por quién. Arrancar a David del planeta era el único objetivo que podía ver. Persiguió a David en muchas maneras, pero se le escapó todas las veces. Jonatán tuvo mucho que ver en esas escapadas.

Imagínate esto: Saúl está sentado, dispuesto a comer. Jonatán está allí. David se ha ido. Está escondido porque sabe que el rey lo quiere muerto. Una vez que Saúl descubre que David no está allí, se pone furioso. Arroja su lanza sobre Jonatán en un arrebato de ira.

Imagínate por un momento que eres Jonatán. Amas a tu padre y amas a David. Pero tu padre está confundido e intenta matar a tu mejor amigo. ¿Qué harías? ¿Esconderías a David de tu padre? ¿Obedecerías a tu padre y le ayudarías a matar a David? ¿Te harías simplemente a un lado y dejarías que ellos solos resolvieran la situación?

> Nunca sabrás quiénes son tus amigos hasta que llegue algo que pruebe esa amistad. Con tanta frecuencia decimos frases como mejores amigos y compañeros del alma, que se han convertido más en etiquetas que en descripciones de importancia.

Aquí es donde se volvió radical la amistad de Jonatán. Ama a Saúl pero protege a David. Jonatán y David se inventaron una manera bastante complicada para avisarle a David que Saúl está haciendo más planes para matarlo o que está tomando las cosas con calma. Jonatán propone disparar tres flechas en el campo que habían acordado. Si Jonatán le dice a su siervo que se acerque a encontrar las flechas, David sabrá que está seguro. Si Jonatán le dice a su siervo que se aleje más para buscar las saetas, David sabrá que debe irse. Por tanto Jonatán, sabiendo que Saúl tiene más ira que nunca, va al campo, dispara las saetas y le dice al siervo que se vaya más lejos. David sale para despedirse.

Por eso es que están de pie en el campo.

No estoy seguro de lo que tú harías. Sé que para mí sería difícil saber que mi padre quiere matar a mi mejor amigo. Sería duro continuar trabajando con papá después de obligar a mi mejor amigo a esconderse. Sería difícil comprender que las emociones de mi desquiciado padre podrían cambiar con el viento y que él se podría volver en mi contra. Jonatán se tomó un gran riesgo al ayudar a David. Arriesgó su relación con su padre. Arriesgó la vida.

Estos son pasos radicales que hay que dar por un amigo. ¿No crees?

Puedo imaginar con facilidad lo que sentían David y Jonatán. No hace mucho tiempo yo era el pastor de jóvenes en una iglesia realmente nítida con un gran ministerio de programas juveniles y un enorme equipo ministerial de jóvenes. Era un pastor joven que me salía de los patrones. Todo esto estaba bastante fuera de mi liga. Y cometí *toneladas* de equivocaciones. Ya había cometido suficientes errores.

Entonces comenzaron las llamadas telefónicas.

—¿Qué crees que estás haciendo?

—Creo que debes irte. ¡No eres la persona adecuada para el cargo!

Era difícil, a veces hasta me asustaba.

Mientras estuve allí entablé una amistad inesperada. El muchacho trabajaba en construcción y en autos. Yo no sabía nada de construcción y no podía distinguir un carburador de una alarma de autos. Pero él pasó tiempo conmigo y yo pasé tiempo con él. Nos volvimos más que hermanos.

Finalmente, y de modo inexplicable, los tiempos difíciles se extinguieron, pero nuestra amistad continuó.

Dos años después me mudé de aquella iglesia. Antes de hacerlo, tuve una larga conversación con mi amigo. Platicamos de esa época difícil, y me pregunté en voz alta qué había calmado la tormenta. Y él confesó.

Mi amigo salió en mi defensa. Guardó mis espaldas. Pasó tiempo con las personas que estaban disgustadas conmigo. Lentamente las convenció de darme otra oportunidad. Nunca les dijo que me pusieran en vereda; más bien las incitó a tomar con mayor calma las cosas conmigo. Él bateaba por mí. Arriesgó sus relaciones por mi habilidad para ministrar.

Yo temía que cuando saliera de esa iglesia perdería a mi amigo para siempre.

Pero no fue así. Vivimos a miles de kilómetros uno del otro y aun seguimos hablando cada semana.

Hablamos de nuestras vidas. Nos aconsejamos acerca de la vida y de cómo criar a los niños. Solo que ahora lo hacemos a la distancia.

> Detente y piensa en tus amistades. ¿Puedes decir esto a tus amigos? ¿Puedes mirarlos y decir: «Oigan, chicos, ¿necesitan algo? Yo lo haré por ustedes. Caso cerrado?» ¿Tienes amigos que te dirían esto?

Esta es mi explicación moderna de lo que Jonatán y David tenían. Se amaban mutuamente. Se guardaban las espaldas. No dejaron que las épocas difíciles se interpusieran en su amistad.

Me alegra tener una amistad como esa. Es algo que no cambiaría. Nunca.

¿Tienes un amigo así? Espero que sí. Si las tienes, esa amistad cambiará tu vida. Incluso podría salvar tu vida.

¿Eres *tú* un amigo como ese?

Es esencial. Así es como yo lo llamaría. Y una amistad radical es esencial.

APLICACIÓN RADICAL

Amistad. Te ayudará en tus luchas, pero no siempre es fácil. Te llevará a tomar posturas a las que quizás no estés acostumbrado. Te puede costar buenas relaciones, incluso con familiares.

Si entras en cualquier rascacielos y examinas el edificio notarás que todos tienen un armazón de acero cubierto de cemento, piedra y vidrio. Los fuertes vientos no lo derribarán. La recia lluvia no lo erosionará.

Así es la amistad, ¿verdad? A prueba de las inclemencias del clima y a prueba de agua.

He leído miles de veces sobre Jonatán y David. Hay cuatro cosas que ellos hicieron para edificar, fortalecer y continuar su amistad.

1. «Lo que deseare tu alma, haré por ti» (1 Samuel 20.4)

Servir es de lo que trata la amistad. ¿Podríamos desglosar esta oración por un momento?

Lo que.

¿Deseas poner otra frase aquí? Intenta *cualquier cosa. Sin exceptuar nada.* No hay límites para esa declaración.

Deseare tu alma.

Escuchamos lo que nos dicen nuestros amigos. Llegamos a saber lo que necesitan.

Haré por ti.

Esta tiene que ser la parte más difícil de la declaración: nuestra disposición para actuar en favor de nuestros amigos.

Detente y piensa en tus amistades. ¿Puedes decir esto a sus

amigos? ¿Puedes mirarlos y decir: «Oigan, chicos, ¿necesitan algo? Yo lo haré por ustedes. Caso cerrado?» ¿Y qué de lo contrario? ¿Podrías decir: «Ellos harían por mí cualquier cosa que necesite»?

2. «[Jonatán] le amaba, pues le amaba como a sí mismo» (v. 17)

¿Qué significa amar a alguien como nos amamos a nosotros mismos? En primer lugar, significa darle a esa persona que llamas «el amigo más íntimo que un hermano» el mismo cuidado con el que te tratas a ti mismo. Siempre tratas de evitar lo que puede herir o hacer tropezar a esa persona y ayudas a sacar los obstáculos potenciales del camino.

En segundo lugar, se trata de algo más que esto. Significa dar a tu amigo el mismo cuidado que le das a tu alma, espíritu y cuerpo.

En tercer lugar, aun se trata de algo más. Significa ayudar a tu amigo a evitar cualquier cosa que intentas evitar para ti mismo. Le ayudas a evitar cualquier pecado con el que estés luchando y todas las adversidades que encuentras difíciles de soportar. Ayudarás a tu amigo a superar cualquier dolor que creas que no puede superar solo.

Detente y piensa en tus amigos. Piensa en aquellos que crees amar como a ti mismo. ¿Buscas maneras de ayudarlos? ¿Es tu misión ayudarles a evitar el pecado hasta donde sea posible?

Entrenamiento en el camino

¿Te interesa leer sobre alguien que fue sumamente leal a sus amigos? Lee sobre la vida de Rahab (Josué 2).

Amigos del alma como estos no se compran ni aparecen de la noche a la mañana. Se forjan con el tiempo. La amistad de Jonatán y David llegó a tener una increíble profundidad gracias a las experiencias que vivieron juntos. Conocieron un nivel de compromiso que pocas personas llegan a experimentar.

Llegó el momento de ser sincero. ¿Tienes amistades como esta? ¿Existe alguien a quien ames como a ti mismo?

3. «Besándose el uno al otro, lloraron el uno con el otro» (v. 41)

No quiero que te disgustes por lo que voy a decir. Los hombres pueden mostrarse afectuosos. Esto no significa que sean homosexuales. Es cierto que esas eran épocas bíblicas y que las costumbres eran distintas. Sin embargo, piensa en lo que esos hombres habían pasado juntos. No le tenían miedo al contacto físico. Estaban emocionalmente conectados de la manera más real y sincera.

4. «Jehová esté entre tú y yo, entre tu descendencia y mi descendencia, para siempre» (v. 42)

Esto es lo más grandioso de la amistad entre Jonatán y David. Perduró. Estaba destinada a durar. Fue construida como un rascacielos. Se mantuvo en pie durante las tormentas de la vida. Sobrevivió a ellos mismos.

¿Tienes un amigo que necesita ayuda? ¿Necesitas tú ayuda? Piensa en lo que hizo Jonatán por David. Lo arriesgó todo. Colocó todo en una maleta emocional por su amigo. Y usó tres flechas para enviar la última señal: «Te amo, amigo mío. Vete de aquí. Yo me encargo de todo por acá. Corre».

Tres flechas. Instrumentos de guerra usados para salvar a un amigo.

Tres flechas. ¿Las puedes oír rasgando el aire en su vuelo? Yo puedo. Y con cada una los amigos que pronto se separarían llegan a estar mucho más unidos.

No sé tú, pero yo necesito más amigos como Jonatán. Más aun, necesito ser más como Jonatán. Algunos de nosotros tenemos muchos amigos, pero no hemos sacado tiempo para recoger saetas y prepararnos para una época en que necesitaremos apretar el paso con desinterés extremo y salvar a un amigo. Otros tenemos muchas flechas pero no nos hemos capacitado para tener amigos, o no hemos sido emocionalmente tan sinceros como para dejar que nos conozcan, con nuestros temores y todo lo demás.

La amistad de Jonatán era radical.

¿Lo es la tuya?

Toma tu arco. Es tiempo de salvar a un amigo.

No lo pienses... ¡hazlo!

MI VIDA

Toma tiempo para pensar en el concepto de amistad radical. Usa estas preguntas para que te ayuden a aplicar lo que acabas de leer:

➜ ¿Cómo describirías la amistad de David y Jonatán?

➜ ¿Por qué crees que llegaron a ser amigos tan íntimos?

➜ ¿Qué crees que Dios pensó de la relación entre ellos?

➜ ¿Has tenido alguna relación como la de David y Jonatán?

➜ ¿De qué manera esta clase de relación es importante para ti?

- ¿Cómo podemos entablar amistades firmes?

- ¿Cuáles son los beneficios e inconvenientes de una amistad firme?

- ¿Puedes pensar en un amigo con quien te gustaría tener esta clase de amistad?

- ¿Cómo podrías establecer una relación más íntima con esa persona?

TODA LA VERDAD

La historia de Jonatán con David en 1 Samuel 20.1-42

Después David huyó de Naiot en Ramá, y vino delante de Jonatán, y dijo: ¿Qué he hecho yo? ¿Cuál es mi maldad, o cuál mi pecado contra tu padre, para que busque mi vida?

Él le dijo: En ninguna manera; no morirás. He aquí que mi padre ninguna cosa hará, grande ni pequeña, que no me la descubra; ¿por qué, pues, me ha de encubrir mi padre este asunto? No será así.

Y David volvió a jurar diciendo: Tu padre sabe claramente que yo he hallado gracia delante de tus ojos, y dirá: No sepa esto Jonatán, para que no se entristezca; y ciertamente, vive Jehová y vive tu alma, que apenas hay un paso entre mí y la muerte.

Y Jonatán dijo a David: Lo que deseare tu alma, haré por ti.

Y David respondió a Jonatán: He aquí que mañana será nueva luna, y yo acostumbro sentarme con el rey a comer; mas tú dejarás que me es-

conda en el campo hasta la tarde del tercer día. Si tu padre hiciere mención de mí, dirás: Me rogó mucho que lo dejase ir corriendo a Belén su ciudad, porque todos los de su familia celebran allá el sacrificio anual. Si él dijere: Bien está, entonces tendrá paz tu siervo; mas si se enojare, sabe que la maldad está determinada de parte de él. Harás, pues, misericordia con tu siervo, ya que has hecho entrar a tu siervo en pacto de Jehová contigo; y si hay maldad en mí, mátame tú, pues no hay necesidad de llevarme hasta tu padre.

Y Jonatán le dijo: Nunca tal te suceda; antes bien, si yo supiere que mi padre ha determinado maldad contra ti, ¿no te lo avisaría yo?

Dijo entonces David a Jonatán: ¿Quién me dará aviso si tu padre te respondiere ásperamente?

> **Instantáneas**
> ¿Quieres saber más acerca de Jonatán? Lee 1 Samuel

Y Jonatán dijo a David: Ven, salgamos al campo. Y salieron ambos al campo. Entonces dijo Jonatán a David: ¡Jehová Dios de Israel, sea testigo! Cuando le haya preguntado a mi padre mañana a esta hora, o el día tercero, si resultare bien para con David, entonces enviaré a ti para hacértelo saber. Pero si mi padre intentare hacerte mal, Jehová haga así a Jonatán, y aun le añada, si no te lo hiciere saber y te enviare para que te vayas en paz. Y esté Jehová contigo, como estuvo con mi padre. Y si yo viviere, harás conmigo misericordia de Jehová, para que no muera, y no apartarás tu misericordia de mi casa para siempre. Cuando Jehová haya cortado uno por uno los enemigos de David de la tierra, no dejes que el nombre de Jonatán sea quitado de la casa de David.

Así hizo Jonatán pacto con la casa de David, diciendo: Requiéralo Jehová de la mano de los enemigos de David. Y Jonatán hizo jurar a David otra vez, porque le amaba, pues le amaba como a sí mismo. Luego le dijo Jonatán: Mañana es nueva luna, y tú serás echado de menos, porque tu asiento estará vacío. Estarás, pues, tres días, y luego descenderás y vendrás al lugar donde estabas escondido el día que ocurrió esto mismo, y esperarás junto a la piedra de Ezel. Y yo tiraré tres saetas hacia aquel lado, como ejercitándome al blanco. Luego enviaré al criado, diciéndole: Ve, busca las saetas. Y si dijere al criado: He allí las saetas más acá de ti, tómalas; tú vendrás, porque paz tienes, y nada malo hay, vive Jehová. Mas si yo dijere al muchacho así: He allí las saetas más allá de ti; vete, porque Jehová te ha enviado. En cuanto al asunto de que tú y yo hemos hablado, esté Jehová entre nosotros dos para siempre.

David, pues, se escondió en el campo, y cuando llegó la nueva luna, se sentó el rey a comer pan. Y el rey se sentó en su silla, como solía, en el asiento junto a la pared, y Jonatán se levantó, y se sentó Abner al lado de Saúl, y el lugar de David quedó vacío. Mas aquel día Saúl no dijo nada, porque se decía: Le habrá acontecido algo, y no está limpio; de seguro no está purificado. Al siguiente día, el segundo día de la nueva luna, aconteció también que el asiento de David quedó vacío. Y Saúl dijo a Jonatán su hijo: ¿Por qué no ha venido a comer el hijo de Isaí hoy ni ayer?

Y Jonatán respondió a Saúl: David me pidió encarecidamente que le dejase ir a Belén, diciendo: Te ruego que me dejes ir, porque nuestra familia celebra sacrificio en la ciudad, y mi hermano me lo ha mandado; por lo tanto, si he hallado gracia en tus ojos, permíteme ir ahora para visitar a mis hermanos. Por esto, pues, no ha venido a la mesa del rey.

Entonces se encendió la ira de Saúl contra Jonatán, y le dijo: Hijo de la perversa y rebelde, ¿acaso no sé yo que tú has elegido al hijo de Isaí para confusión tuya, y para confusión de la vergüenza de tu madre? Porque todo el tiempo que el hijo de Isaí viviere sobre la tierra, ni tú estarás firme, ni tu reino. Envía pues, ahora, y tráemelo, porque ha de morir.

Y Jonatán respondió a su padre Saúl y le dijo: ¿Por qué morirá? ¿Qué ha hecho? Entonces Saúl le arrojó una lanza para herirlo; de donde entendió Jonatán que su padre estaba resuelto a matar a David.

Y se levantó Jonatán de la mesa con exaltada ira, y no comió pan el segundo día de la nueva luna; porque tenía dolor a causa de David, porque su padre le había afrentado. Al otro día, de mañana, salió Jonatán al campo, al tiempo señalado con David, y un muchacho pequeño con él. Y dijo al muchacho: Corre y busca las saetas que yo tirare. Y cuando el muchacho iba corriendo, él tiraba la saeta de modo que pasara más allá de él. Y llegando el muchacho adonde estaba la saeta que Jonatán había tirado, Jonatán dio voces tras el muchacho, diciendo: ¿No está la saeta más allá de ti? Y volvió a gritar Jonatán tras el muchacho: Corre, date prisa, no te pares. Y el muchacho de Jonatán recogió las saetas, y vino a su señor. Pero ninguna cosa entendió el muchacho; solamente Jonatán y David entendían de lo que se trataba. Luego dio Jonatán sus armas a su muchacho, y le dijo: Vete y llévalas a la ciudad.

Y luego que el muchacho se hubo ido, se levantó David del lado del sur, y se inclinó tres veces postrándose hasta la tierra; y besándose el uno al otro, lloraron el uno con el otro; y David lloró más. Y Jonatán dijo a David: Vete en paz, porque ambos hemos jurado por el nombre de Jehová, diciendo: Jehová esté entre tú y yo, entre tu descendencia y mi descendencia, para siempre. Y él se levantó y se fue; y Jonatán entró en la ciudad.

RADICALES MODERNOS

Gavín es un chico impetuoso. Su padre es ministro. En otras palabras, es *el hijo de un predicador*. Tal vez sea fácil oír esas palabras y hacer suposiciones sobre lo que crees cuando conoces a Gavín. Podría pensar que es el típico chico bueno, o quizás un típico hijo rebelde de un predicador que intenta seguir una senda diferente de la de su padre.

Ninguna de esas descripciones es exacta. En un colegio cristiano donde las personas podrían dejar que la complacencia gobierne sus vidas, o donde su familiaridad con el cristianismo les permite dar por sentadas sus creencias, Gavín sale diariamente con enfoques, audacia y madurez espiritual que compiten con los mejores líderes cristianos adultos de hoy día. Y ese dinamismo surge en el área de la amistad.

Verdad radical

Jonatán era leal a su amigo sin importar el precio.

¿Cómo hace Gavín para transformar en amistad radical lo que él es? Esta es su filosofía sobre amar a las personas que no encajan o que están pasando por épocas difíciles: «Satanás no desea que creamos que es algo bueno amar a la gente "más humilde" o "que no está en onda"». Gavín no quiere pasar por alto a la gente herida o quebrantada al desatenderlas a ellas o a sus necesidades. Él quiere amarlas. Eso significa llegar a sus heridas, ser su amigo y dejar que Jesús lo use para sanarlas.

Gavín llega a los demás con su amistad y sin que le preocupe lo que otros piensen. No le atemoriza que las personas que ama lo hagan parecer «ridículo». A él sencillamente le gusta hacerlo, sin miedo de Satanás y sin preocuparse por su reputación.

Cuando Gavín estaba en noveno grado, otros muchachos que estaban cerca de él lo acogieron, lo buscaron e hicieron esfuerzos específicos para ayudarle a sentirse bienvenido en el grupo de jóvenes. Cuando Gavín se sintió un poco inseguro acerca de su lugar en el grupo, ellos lo llevaron a otros sitios y le mostraron lealtad sin pedirle nada a cambio.

Lealtad. Ir a buscar a otros. No temer a la reputación. La amistad radical nace de esas cualidades. Se forja en unas ansias de invertir en otras personas. Se crea en nosotros cuando otros sacan tiempo para invertir en nosotros.

¿Qué tal si...?

¿Qué tal si Jonatán no hubiera protegido a David? Si Saúl hubiera podido matar a David, entonces Israel habría tenido un rey diferente y habría cambiado la línea de sangre de Jesús (Mateo 1).

Gavín tiene una definición aun más elevada: «La amistad son dos personas ligadas por la unidad del espíritu y por la misericordia. Es una sombra de la relación entre Dios y el hombre». Gavín comprende la amistad porque entiende su relación con Dios.

Amistad. Dios la creó. Se refleja en nosotros por lo que vemos en la Biblia y en cómo vemos la vida de otros creyentes. ¿Quieres ser un amigo radical? Toma el consejo de Gavín y ama a la gente. No te asustes por tu reputación, por las trampas de Satanás o por el tiempo que te tome. Simplemente da.

Esto es amistad radical.

4

David:

Valor radical

David se agachó por un momento y se miró fijamente en el arroyo.

—Puedo hacerlo —se dijo en voz baja—. Él no es tan grande, ni tan fuerte.

David oyó burlas detrás de él.

—Vamos David, ¡atrápalo!

—¡Anda niño pastor!

A David no le importaba. Estaba en una misión. ¿Una misión divina? Eso se vería pronto.

La mano de David se heló cuando la metió al agua y comenzó a buscar varias piedras lisas. Una a la vez, David sacaba cada piedra del agua, la sostenía y la analizaba. Estaba buscando las perfectas. Después de todo, si vas a matar a un gigante debes usar las armas adecuadas. Había dos requisitos fundamentales. Primero, las piedras debían ser lo suficientemente grandes para encajar en su honda. Segundo, debían ser lisas para que volaran en línea recta.

—Puedo hacerlo —dijo, conteniendo la respiración—. No es muy grande.

David salió al claro y se dispuso a enfrentarse a Goliat, el filisteo. Enfrentarse a un filisteo no era nada nuevo para los israelitas. Habían estado luchando contra los gigantes por generaciones. Tampoco eran extraños los combates cuerpo a cuerpo. En los tiempos antiguos, en vez de entrar todos a la batalla y correr el riesgo de que murieran muchas personas, cada ejército escogía a menudo sus guerreros más fuertes y los hacían competir. El ejército cuyo hombre ganaba la pelea obtenía la tierra o cualquier otra cosa que estuvieran disputando.

Sin embargo, en este momento David no estaba defendiendo a su pueblo ni a su tierra. Estaba defendiendo la honra de Dios. Esa era una enorme tarea para un muchacho. ¿Qué crees que pasó por la mente de David mientras pensaba en el paso que pronto iba a dar?

Vaya, a la verdad que este Goliat apesta.

Me pregunto en qué están pensando los tipos que están detrás de mí.

Muy bien, sé que puedo hacer esto... pero ¿y si fallo?

¿Habrán pasado por la mente de David un millón de distracciones, problemas y cosas confusas? Quizás. Pero no se ve a un David con tensión. Es más, las palabras que dice en presencia de Goliat son impresionantes. Revisémoslas.

«Jehová te entregará hoy en mi mano» (1 Samuel 17.46).

«Yo te venceré, y te cortaré la cabeza» (v. 46).

«De Jehová es la batalla, y él os entregará en nuestras manos» (v. 47).

Perfecto, ¿no crees? Sudando la gota gorda por dentro, tranquilo por fuera. Estas no parecen las palabras de alguien que tiene miedo, ¿verdad?

Entonces David tomó la iniciativa. Puso la primera piedra en su honda de cuerdas y cuero, y la hizo girar. ¿Cuál podría haber sido la respuesta de Goliat?

«¡Ja, ja, ja! Dejaré que dé algunas vueltas, luego le arrancaré la cabeza y lo levantaré en vilo para amedrentarlos. Termina ya con esta bobería, tonto. ¡Ja, ja, ja!»

David hace girar su honda.

Vueltas.

Sin espada.

Vueltas.

Sin armadura.

Vueltas.

Sin un ejército dispuesto a ayudarle por ningún lado.

Libertad.

¿Te puedes imaginar la sorpresa de la gente de Goliat cuando David lo derribó ese día en el valle con una sola piedra?

Quién, qué, dónde, cuándo

David nació aproximadamente en el año 1040 a.C. Era el hijo menor de un hombre llamado Isaí, quien nació en el mismo pueblo, Belén, donde nacería Jesús centenares de años después. David era compositor y músico. Se convirtió en el segundo rey, y el más importante, de Israel. Fue además antepasado de Jesús.

David necesitó solo una piedra para dar muerte a su gigante. ¿Cuántas piedras necesitaremos para matar a los nuestros? La mayoría de nuestros enemigos son aun más curiosos que un filisteo gigante. Tienen una naturaleza imponente. Tienen la capacidad de herirnos, mutilarnos o destruirnos. Son intimidadores. Aparecen para derribarnos.

Esto fue lo que hizo Goliat, y es lo que hacen nuestros gigantes.

¿Has tenido un enemigo contra el que necesitaste valor? Quizás un hábito que no te podías quitar de encima. Tal vez un amigo que trató de hacerte participar en algo que no querías. Cualquiera que sea tu enemigo, aprende la lección de David. Puedes derribarlo. Puedes incluso matarlo siempre y cuando sepas lo que sabía David.

David sabía quién era

David tenía una clara comprensión de su habilidad. ¿Puedes imaginártelo en tu patio con esa honda y unas cuantas piedras? Él es un muchacho al aire libre en un día caluroso. Sobre una roca a sus espaldas hay una taza de jugo. Sin camisa. La brisa le alborota el cabello. Aproximadamente a veinte metros hay un espantapájaros que hizo de trapos viejos, parado y listo con una espada de madera y el rostro siniestro. David simplemente está haciendo girar su honda. Está practicando. Alistándose para el día en que deberá usar su habilidad para competir en un concurso o para defenderse.

David practicó. Conocía su habilidad con la honda. Era un experto con ella, un gran lanzador. Con una piedra podía partir una manzana... o una cabeza.

¿Te conoces bien? ¿Tienes alguna idea de la habilidad que puedes usar cuando enfrentas un gigante? Eso fue lo que le dio a David su valor. Bueno, al menos parte de su valor. Él confiaba en lo que podía hacer. ¿Confías tú?

David sabía a quién le pertenecía

En sus palabras con Goliat, David le da de muy buena gana al gigante, y a nosotros, una clara idea de su conocimiento de Dios y de su relación con Él. Lo realmente nítido sobre lo que David dice es que no hay confusión de palabras. Él está claro. Te venceré. Morirás. Te cortaré la cabeza. Y Dios se llevará la gloria.

¡Ajá! David sabía quién tenía el control. Dios. Él organizó la pelea. Él le dio a David la habilidad con la honda, y (esto es muy importante) no permitió que David olvidara que estaba conectado. David era un hijo de Dios y Él no lo abandonaría.

¿Sabes quién eres? ¿En serio?

¿Cómo afecta esto tu habilidad con tareas aparentemente imposibles? Hay una diferencia entre *conocer* de quién se es y *tener confianza* en aquel a quien se pertenece. David tenía ambas cosas. ¿La tienes tú?

David obró solamente en esos dos factores

No encontrarás por ningún lado que después de arrancar la cabeza a Goliat, David hubiera dicho: «Hombre, *nunca* pensé que esto podría pasar. ¡Qué día fenomenal estoy viviendo!» Ni por un momento. Cuando leo esta historia me da la sensación de que David se sentía seguro de quién era Dios y de lo que él mismo era capaz de hacer. ¿Estaría asustado? Quizás. ¿Se estremeció un poco, aunque sea por un momento? Posiblemente.

Sin embargo, David actuó. Tomó impulso. Lanzó. Conquistó.

Tomar impulso... confiar en nuestra habilidad.

Lanzar... confiar en Dios (Él dirigió la piedra).

Conquistar... la consecuencia de confiar en nuestra habilidad y en aquel a quien pertenecemos.

¿Cuál es nuestra definición de *valor*? Le diré la mía: *Valor es confiar en lo que sabes de ti y en lo que conoces de Dios y luego actuar de acuerdo a esto.*

Actuar. Esa es la parte difícil, ¿no crees?

Vivo en una casa pequeña casi en el campo. Digo «casi» porque por dos lados nos rodean varios kilómetros de bosques, y en los otros dos, hay pequeños vecindarios. Donde vivo hay en realidad buenas perso-

Entrenamiento en el camino

¿Te interesa leer sobre alguien más que mostró valor? Lee sobre la vida de Daniel (Daniel 6).

nas. Silenciosas. Gente pacífica. Y por lo menos una ardilla muy ocupada.

Estoy mirando hacia fuera y puedo ver a la ardilla, que salta sin esfuerzo alguno de rama en rama, aproximadamente a treinta metros del suelo. La he estado observando por varios minutos. Ese pequeño animalito salta casi sin cuidado de una rama que bambolea a otra. Incluso da saltitos de árbol en árbol.

¿No es eso valor? ¿Confiar en la habilidad que Dios te dio, en lo que conoces acerca de tus alrededores y luego hacer lo que quieres?

Actuar. Hacer. Girar. Conquistar.

Se necesita valor. Se necesita *mucho* valor. Valor como el que tenía David.

Valor radical.

Sigue adelante. Agarra una honda y hazla girar. Hay un gigante esperándote.

Ve tras él.

APLICACIÓN RADICAL

¿Qué crees que se me viene a la mente cuando pienso en la batalla de estos dos hombres? Me pongo a pensar en los ejércitos. Claro que me asombra lo que hizo David. ¿No te asombra a ti? Además, me emociona que su lección de valor hable directamente a nuestras vidas modernas.

Sin embargo, ¿dónde estaban los ejércitos? Sígueme con cuidado porque no hay mucha información al respecto. Así que hagamos algunas conjeturas.

Por lo que la Biblia dice, sabemos que los israelitas y los filisteos habían tenido confrontaciones por mucho tiempo. Considerando la inmensa agresividad de los filisteos, pensaría que estaban de pie en la orilla, exactamente detrás de su amado Goliat, esperando tan solo que matara a David para poder entrar al campamento israelita y saquearlo.

Luego pienso en los israelitas. Habían estado esperando durante varios días. Sólo esperando por alguien con suficiente valor para enfrentar a esta gran mole humana.

Creo que los israelitas tenían miedo. Esperando. Seguramente se rieron de David cuando se puso en la línea de batalla y comenzó a cargar su honda. Sin embargo, ¿no crees que por unos instantes tuvieron la leve esperanza de que David pudiera ganar para beneficio de ellos? Creo que sí. Pienso que todos entraron en sus tiendas a esperar. ¿Creían en David? Probablemente no. Pero sí tenían algo de esperanza en él. David *tenía* que conquistar al enemigo. ¿Para él? Sí. ¿Para Dios? Seguro. Pero también para su equipo.

Algunas veces también tenemos que ponernos en la línea de batalla por nuestros amigos.

Así es. No porque sean nuestros amigos sino porque tienen temor. Necesitan una salida o un modo de derrotar al Goliat de sus vidas. No tienen idea de cómo encontrar la salida y por eso esperan por nosotros.

Además, el que a veces alguien conquiste un gigante significa que quienquiera que esté escondido detrás de la tienda se siente más libre de salir un poco y mirar. Eso fue lo que les sucedió a los israelitas. Una vez que David conquistó al gigante, todo el ejército israelita hicieron suya la batalla. Una persona hizo la obra; todos obtuvieron la recompensa.

Instantáneas

¿Quieres saber más sobre David? Lee 1 Samuel 24.

¿Te has sentido así alguna vez? ¿Has enfrentado algo que tus amigos temían enfrentar para que ellos pudieran verte y entonces algún día conquistar ellos al mismo gigante? Eso es lo que ocurrió aquí. Tal vez la próxima vez que cualquiera de esos cobardes guerreros israelitas se parara frente a un gigante enemigo le habría dicho: «Mira, David hizo esto. ¿No te da miedo?»

Pienso que eso fue lo que pasó aquí. Pienso que esto es lo que convierte a David en un retrato de tanto valor. ¿Las piedras? Seguro, él era experto en manejar la honda. ¿La confianza? Seguramente. David confiaba en Dios como ninguno más lo hizo en mucho tiempo.

Sin embargo, tenga en cuenta que David hizo su obra para que otros también pudieran hacerla.

A veces necesitamos tener valor por el bien de otros. Así verán lo que hacemos, aprenderán y conquistarán lo que deben conquistar.

¿Has matado algún gigante últimamente? ¿Ninguno? ¿De veras?

Muy bien. ¿Has conquistado algo? ¿Aprobaste una clase que nunca pensaste que podrías aprobar? ¿Conociste a alguien que pensabas que era un verdadero idiota y descubriste que en realidad era agradable?

Esos son gigantes.

Así se logra lo imposible. Igual que escalar una montaña que nunca has escalado, o culminar una tarea que siempre quisiste emprender, pero que nunca tuviste las agallas de intentar.

¿Cómo puedes reconocer un gigante?

Un gigante es cualquier cosa que se interpone en tu camino para lograr algo.

Ese día en el frente de batalla, David vio a Goliat como un obstáculo. Estaba en medio del camino para que los israelitas pudieran lograr grandes cosas, como establecer su hogar. Además estaba en el camino de David.

Un gigante es cualquier cosa que se interpone en tu camino para tener una relación con Dios

Dios te hizo para adorarle. Te hizo su imagen para estar ante Él, vivir para Él y reflejar su amor a otros. Si no puedes hacer estas cosas porque algo te lo impide, ese es un gigante que debe desaparecer.

Un gigante es cualquier cosa que se interpone en tu camino para tener una relación íntima con otros

Dios nos hizo personas sociales. Tenemos que estar con gente. No importa que se trate de nuestro orgullo o timidez, o de una familia que se pasa mudándose, este es un gigante que debemos enfrentar y conquistar.

Valor. Enfrentar gigantes. Saltar de árbol en árbol, sobre obstáculos o ramas. Confiar en lo que sabes de ti mismo y de Dios, y entonces ir tras eso.

Se trata de valor radical. Se trata de dar los pasos necesarios. Confiar en tu habilidad. Confiar en tu llamado. Confiar en Dios y hacer la movida.

Tomar una honda, aun cuando otros digan que no servirá para nada.

Saltar de la cama y enfrentar el día, aunque no te creas capaz de hacerlo.

Dar un apretón de manos a alguien que no te cae bien.

Solicitar en la universidad en que nadie cree que lograrás ingresar.

Conseguir una entrevista de trabajo que todos creen que no conseguirás.

Todo con el propósito de manifestar: «El Señor te entregará hoy en mi mano. Te venceré y te cortaré la cabeza. La batalla es del Señor, y Él te entregará en mis manos».

Sigue adelante. Haz tu movida.

MI VIDA

Toma un momento para pensar en la idea del valor radical. Usa estas preguntas para que te ayuden a aplicar lo que acabas de leer:

➔ ¿Qué problemas gigantescos enfrentas en tu vida?

➔ ¿Cuál ha sido tu respuesta a esos problemas?

➔ ¿Cuál debería ser tu respuesta a esos problemas?

➔ El valor es hacer lo correcto frente al temor. ¿Cuáles son tus temores acerca de los gigantes en tu vida?

➔ ¿Qué se debe hacer a pesar del temor?

➔ ¿Cómo puede Dios ayudarte a tener valor?

➔ ¿De qué modo otras personas notan tu valor?

➔ ¿Cómo puede tu valor cambiar el mundo que lo rodea?

TODA LA VERDAD

La historia de David en 1 Samuel 17.1-52

Los filisteos juntaron sus ejércitos para la guerra, y se congregaron en Soco, que es de Judá, y acamparon entre Soco y Azeca, en Efes-damim. También Saúl y los hombres de Israel se juntaron, y acamparon en el valle de Ela, y se pusieron en orden de batalla contra los filisteos. Y los filisteos estaban sobre un monte a un lado, e Israel estaba sobre otro monte al otro lado, y el valle entre ellos.

Salió entonces del campamento de los filisteos un paladín, el cual se llamaba Goliat, de Gat, y tenía de altura seis codos y un palmo [más de tres metros]. Y traía un casco de bronce en su cabeza, y llevaba una cota de malla; y era el peso de la cota cinco mil siclos de bronce [aproximadamente 57 kilos]. Sobre sus piernas traía grebas de bronce, y jabalina de bronce entre sus hombros. El asta de su lanza era como un rodillo de telar, y tenía el hierro de su lanza seiscientos siclos de hierro; e iba su escudero delante de él. Y se paró y dio voces a los escuadrones de Israel, diciéndoles: ¿Para qué os habéis puesto en orden de batalla? ¿No soy yo el filisteo, y vosotros los siervos de Saúl? Escoged de entre vosotros un hombre que venga contra mí. Si él pudiere pelear conmigo, y me venciere, nosotros seremos vuestros siervos; y si yo pudiere más que él, y lo venciere, vosotros seréis nuestros siervos y nos serviréis. Y añadió el filisteo: Hoy yo he desafiado al campamento de Israel; dadme un hombre que pelee conmigo. Oyendo Saúl y todo Israel estas palabras del filisteo, se turbaron y tuvieron gran miedo.

Y David era hijo de aquel hombre efrateo de Belén de Judá, cuyo nombre era Isaí, el cual tenía ocho hijos; y en el tiempo de Saúl este hombre era viejo y de gran edad entre los hombres. Y los tres hijos mayores de Isaí habían ido para seguir a Saúl a la guerra. Y los nombres de sus tres hijos que habían ido a la guerra eran: Eliab el primogénito, el segundo Abinadab, y el tercero Sama; y David era el menor. Siguieron, pues, los tres mayores a Saúl. Pero David había ido y vuelto, dejando a Saúl, para apacentar las ovejas de su padre en Belén.

Venía, pues, aquel filisteo por la mañana y por la tarde, y así lo hizo durante cuarenta días.

Y dijo Isaí a David su hijo: Toma ahora para tus hermanos un efa de este grano tostado, y estos diez panes, y llévalo pronto al campamento a tus hermanos. Y estos diez quesos de leche los llevarás al jefe de los mil; y mira si tus hermanos están bien, y toma prendas de ellos. Y Saúl y ellos y todos los de Israel estaban en el valle de Ela, peleando contra los filisteos.

Se levantó, pues, David de mañana, y dejando las ovejas al cuidado de un guarda, se fue con su carga como Isaí le había mandado; y llegó al campamento cuando el ejército salía en orden de batalla, y daba el grito de combate. Y se pusieron en orden de batalla Israel y los filisteos, ejército frente a ejército. Entonces David dejó su carga en mano del que guardaba el bagaje, y corrió al ejército; y cuando llegó, preguntó por sus hermanos, si estaban bien. Mientras él hablaba con ellos, he aquí que aquel paladín que se ponía en medio de los dos campamentos, que se llamaba Goliat, el filisteo de Gat, salió de entre las filas de los filisteos y habló las mismas palabras, y las oyó David. Y todos los varones de Israel que veían aquel hombre huían de su presencia, y tenían gran temor. Y cada uno de los de Israel decía: ¿No habéis visto aquel hombre que ha salido? Él se adelanta para provocar a Israel. Al que le venciere, el rey le enri-

> Lo realmente nítido sobre lo que David dice es que no hay confusión de palabras. Él está claro. Te venceré. Morirás. Te cortaré la cabeza. Y Dios se llevará la gloria.

quecerá con grandes riquezas, y le dará su hija, y eximirá de tributos a la casa de su padre en Israel.

Entonces habló David a los que estaban junto a él, diciendo: ¿Qué harán al hombre que venciere a este filisteo, y quitare el oprobio de Israel? Porque ¿quién es este filisteo incircunciso, para que provoque a los escuadrones del Dios viviente?

Y el pueblo le respondió las mismas palabras, diciendo: Así se hará al hombre que le venciere.

Y oyéndole hablar Eliab su hermano mayor con aquellos hombres, se encendió en ira contra David y dijo: ¿Para qué has descendido acá? ¿y a quién has dejado aquellas pocas ovejas en el desierto? Yo conozco tu soberbia y la malicia de tu corazón, que para ver la batalla has venido.

David respondió: ¿Qué he hecho yo ahora? ¿No es esto mero hablar? Y apartándose de él hacia otros, preguntó de igual manera; y le dio el pueblo la misma respuesta de antes.

Fueron oídas las palabras que David había dicho, y las refirieron delante de Saúl; y él lo hizo venir. Y dijo David a Saúl: No desmaye el corazón de ninguno a causa de él; tu siervo irá y peleará contra este filisteo.

Dijo Saúl a David: No podrás tú ir contra aquel filisteo, para pelear con él; porque tú eres muchacho, y él un hombre de guerra desde su juventud.

David respondió a Saúl: Tu siervo era pastor de las ovejas de su padre; y cuando venía un león, o un oso, y tomaba algún cordero de la manada, salía yo tras él, y lo hería, y lo libraba de su boca; y si se levantaba contra mí, yo le echaba mano de la quijada, y lo hería y lo mataba. Fuese león, fuese oso, tu siervo lo mataba; y este filisteo incircunciso será como uno de ellos, porque ha provocado al ejército del Dios viviente. Añadió David: Jehová, que me ha librado de las garras del león y de las garras del oso, Él también me librará de la mano de este filisteo.

Y dijo Saúl a David: Ve, y Jehová esté contigo. Y Saúl vistió a David con sus ropas, y puso sobre su cabeza un casco de bronce, y le armó de coraza. Y ciñó David su espada sobre sus vestidos, y probó a andar, porque nunca había hecho la prueba. Y dijo David a Saúl: Yo no puedo andar con esto, porque nunca lo practiqué. Y David echó de sí aquellas cosas.

Y tomó su cayado en su mano, y escogió cinco piedras lisas del arroyo, y las puso en el saco pastoril, en el zurrón que traía, y tomó su honda en su mano, y se fue hacia el filisteo. Y el filisteo venía andando y acercándose a David, y su escudero delante de él. Y cuando el filisteo miró y vio a David, le tuvo en poco; porque era muchacho, y rubio, y de hermoso parecer. Y dijo el filisteo a David: ¿Soy yo perro, para que vengas a mí con palos? Y maldijo a David por sus dioses. Dijo luego el filisteo a David: Ven a mí, y daré tu carne a las aves del cielo y a las bestias del campo.

Verdad radical

David confiaba en que Dios cuidaría de él, por tanto enfrentó con valor cada área de su vida.

Entonces dijo David al filisteo: Tú vienes a mí con espada y lanza y jabalina; mas yo vengo a ti en el nombre de Jehová de los ejércitos, el Dios de los escuadrones de Israel, a quien tú has provocado. Jehová te entregará hoy en mi mano, y yo te venceré, y te cortaré la cabeza, y daré hoy los cuerpos de los filisteos a las aves del cielo y a las bestias de la tierra; y toda la tierra sabrá que hay Dios en Israel. Y sabrá toda esta congregación que Jehová no salva con espada y con lanza; porque de Jehová es la batalla, y Él os entregará en nuestras manos.

¿Qué tal si...?

¿Qué tal si David se hubiera acobardado o hubiera dicho: «Soy demasiado joven. Mejor escucho a todos los demás?» Habría cambiado toda la historia de Israel y toda lección de Escuela Dominical que se ha enseñado desde entonces.

Y aconteció que cuando el filisteo se levantó y echó a andar para ir al encuentro de David, David se dio prisa, y corrió a la línea de batalla contra el filisteo. Y metiendo David su mano en la bolsa, tomó de allí una piedra, y la tiró con la honda, e hirió al filisteo en la frente; y la piedra quedó clavada en la frente, y cayó sobre su rostro en tierra. Así venció David al filisteo con honda y piedra; e hirió al filisteo y lo mató, sin tener David espada en su mano. Entonces corrió David y se puso sobre el filisteo; y tomando la espada de él y sacándola de su vaina, lo acabó de matar, y le cortó con ella la cabeza.

Y cuando los filisteos vieron a su paladín muerto, huyeron. Levantándose luego los de Israel y los de Judá, gritaron, y siguieron a los filisteos hasta llegar al valle, y hasta las puertas de Ecrón. Y cayeron los heridos de los filisteos por el camino de Saaraim hasta Gat y Ecrón.

RADICALES MODERNOS

Con dieciocho años casi por cumplir. Estudiante de tercer año en el colegio secundario. A menos que les preguntes, Hieu te mirará y te parecerá como cualquier otra muchacha asiática que vive en los EE.UU. Ella es muy sincera acerca de su crianza en Vietnam. Seguramente su historia no es un secreto. Su asombrosa confianza y valor surgen de condiciones que parecen casi increíbles. La suya es una historia que está hecha para una película.

Hieu y toda su familia se criaron en Vietnam, donde enfrentaron mucha oposición. Su padre peleó en la guerra contra Vietnam comunista. Durante los conflictos de guerra fue capturado por los enemigos y puesto en prisión por tres años. Luego fue liberado y huyó a Tailandia. Permaneció allí por dos años, con la seguridad de que lo volverían a apresar si volvía a Vietnam.

Al fin y al cabo, el padre de Hieu comenzó a temer que lo capturaran por ser un comunista en Tailandia, de modo que regresó a

Vietnam. Cuando le pareció que ya no estaba seguro, regresó a Tailandia y estuvo allí por tres años. En Tailandia, exactamente como había temido, fue encarcelado por funcionarios que lo creían comunista.

Al fin el padre de Hieu salió de prisión y regresó a su familia. Sus familiares lo habían extrañado y estaban preparados para un cambio.

Hace casi dos años Hieu y su familia se mudaron a los EE.UU. Tal vez piensas que tenían contactos, ¿no es así? Pues no. Ella y su familia vivieron en el sótano de una iglesia por casi un mes, antes de encontrar un lugar dónde vivir. Sus padres consiguieron empleos y finalmente Hieu comenzó a asistir al colegio en EE.UU. Debido a ciertas restricciones vietnamitas, no todos en la familia pudieron venir con ellos a los EE.UU. Algunos debieron quedarse en Vietnam. ¿Llevas la cuenta? La mitad de la familia se muda a EE.UU. No tienen un lugar dónde vivir. Tampoco tienen empleos. Su futuro es inseguro. La mitad de la familia permanece en Vietnam.

Adivina qué. Hieu enfrenta cada día con increíble confianza. Esa confianza se extiende en un radiante gozo que contagia a quienes la rodean. También tiene el valor que solo se consigue al caminar por donde ha caminado. Un padre injustamente encarcelado. Una vida nueva y extraña en una nación extraña.

¿Ya estás convencido de que Hieu es valiente? Todavía hay más.

Pregúntale a Hieu lo que desea hacer cuando se gradúe de la universidad y del instituto médico. Alguien con su inteligencia y tenacidad podría ganar mucho dinero en los EE.UU. Especialmente en el campo médico.

Sin embargo, no Hieu. Cuando se gradúe piensa regresar a

Vietnam. No para buscar venganza. No para trabajar en un hospital y ganar mucho dinero. Irá allá a servir al pueblo atrapado en un sistema que sirve al rico y no hace caso al pobre. Regresará al país que encarceló injustamente a su padre y dejó estancada a su familia.

Este es valor radical.

5

María:

Sumisión radical

Hacía calor el día que el visitante llegó a casa de María. Es más, decir que hacía calor ni siquiera se acerca a la temperatura de aquel día. El mercurio en Nazaret se destacaba por alcanzar alturas colosales, y eso combinado con el polvo y las «tareas caseras normales» le podían amargar la vida a cualquiera.

Quizás de la frente de María manaban gotas de sudor mientras barría la cocina. Se esperaba que ayudara en la casa. Por tanto barrió con una escoba el piso de ladrillo mientras tarareaba una canción que había aprendido de niña.

Imagínate esto por un momento. María barriendo. La futura madre de Jesús en oficios caseros. ¿No te parece gracioso? La mujer por medio de quien Jesús entraría al mundo, limpiando para la familia, haciendo gran cantidad de quehaceres domésticos antes de que llegara el fin de semana. El sol golpeaba la ventana, formando sombras en el piso. Una cálida brisa entraba a la casa, llevando el aroma del pan fresco. Ambiente perfecto. Hogar perfecto. Estable. Seguro. Tranquilo.

Hasta que llegó el visitante.

No sabemos mucho sobre cómo apareció o cómo lucía, pero la visita de Gabriel a María fue espectacular. Fue realmente algo increíble. Era la clase de experiencias que solo pasan en las tiras cómicas y en películas de gran presupuesto.

Tendríamos suficiente si la Biblia se detuviera en la sola noticia de la visita y no nos dijera más. Dios envió a su hombre con un mensaje. Si lo único que supiéramos es que el Señor estaba interesado en la humilde muchacha que barría pisos hubiera sido para satisfacer a los que buscan la más leve insinuación de que Dios sí se preocupa por las personas. Caso cerrado. La presencia de Gabriel habla a gritos de quién es Dios y de cuáles eran sus intenciones. No obstante, ese no es el fin. La llegada de Gabriel simplemente dio comienzo a un intercambio entre lo visible y lo invisible, entre lo común y lo divino. ¿Recuerdas el encuentro de Moisés con la zarza ardiente? ¿Tierra común y corriente convirtiéndose en tierra extra-santa? Eso es lo que estaba ocurriendo en el hogar de María. Desde el primer golpe en la puerta, esa visita sacó la vida de María de lo común, mundano y típico de la vida nazarena y la lanzó a lo extraordinario. Lo poco frecuente. Lo divino.

¡Pum!

—Amo a esta gente.

¡Pum, pum!

—Esta gente no necesita vivir separada de mí.

¡Pum, pum, pum!

—¿Irás Hijo mío?

—Sí Padre, iré.

—Muy bien. Ya Gabriel está arreglando algunas cosas.

¿Cómo crees que lucía Gabriel? ¿En jeans y camiseta? ¿En el atuendo de la clase obrera de la época? ¿En traje? ¿Quizás solo un espectacular mameluco diseñado para lucir en cualquier ocasión?

¿Cómo crees que reaccionó María? La Biblia nos dice dos cosas. Primero, que estaba turbada. Segundo, que Gabriel le dijo luego que no temiera. Por tanto, sabemos que María comprendió que algo extraordinario estaba ocurriendo. Ella no veía el acontecimiento como algo común.

Imagina la sorpresa de María cuando Gabriel comenzó su mensaje divino. Porque eso fue, ¿sabes? Un mensaje de parte de Dios. Gabriel lo clarificó. No confundió las palabras ni las endulzó. ¿Qué crees que fue lo primero que pensó? *¿Qué pensarán papá y mamá?*, o *¿qué pensará mi novio?* La Biblia describe esto en dos palabras.

Se turbó. Aquí hay un tipo, parado frente a ella, con un mensaje de Dios. Me impresiona que María *sólo* estuviera turbada. ¡A mí me hubiera dado un ataque! Tal vez me hubiera caído al suelo y se

Quién, qué, dónde, cuándo

María vivía en Nazaret, un pueblo de Galilea. Nació un poco antes del año cero (porque el calendario se basa en el nacimiento de su hijo Jesús).

me hubiera puesto la piel de gallina. Así es. Habría sentido pánico. Oye, no soy mujer y nunca quedaré en estado. Sin embargo, mi imaginación sí funciona. Apuesto que oír que estaría cargando en mi matriz al Hijo de Dios habría sido suficiente para hacerme *saber* que necesitaría unas vacaciones. ¿No te habrías sentido igual? Primero, la visita se trataba del embarazo de la muchacha, pero ella no se había acostado con ningún hombre. Esa sería la peor de las noticias, ¿no crees? Entonces, como si no fuera suficiente, ¡se enteró que su bebé sería el Hijo de Dios!

Una vez más, me he preguntado cómo hubiera respondido yo en un momento como ese. Quizás hubiera dicho: «Estoy loco... intérnenme», pero María no dijo eso. Su reacción describe el estilo que Dios sabía que ella tenía. Gracia. Así es cómo lo describiría. Gracia infinita. La Biblia no dice que María se confundiera. Nos dice exactamente lo que dijo a su inesperado mensajero: «He aquí la sierva del Señor; hágase conmigo conforme a tu palabra» (Lucas 1.38).

¿Qué haces después de una visita como esa? ¿Después de un mensaje como ese? ¿Después de un momento como ese? Sabemos lo que hizo María. Fue a donde alguien en quien confiaba.

No. No fue donde su pastor.

No. Tampoco fue donde sus padres.

María corrió hacia el lugar donde la comprenderían. Fue donde Elisabet, un familiar lejano que llevaba en su vientre a Juan el Bautista. María fue a ver a alguien que pudiera entender cómo se trataban los bebés milagrosos. Acudió a la mismísima persona que el ángel le había mencionado. ¿Sabes? Elisabet era una mujer vieja que tenía seis meses de embarazo de su primer hijo. Su esposo había acabado de tener su propia visión de un ángel. Dios estaba haciendo algo asombroso en sus vidas. Por eso eran personas que podían entender que Dios estaba haciendo algo asombroso en la vida de una muchacha virgen. María se sometió a Dios y luego fue a un lugar seguro que le ayudara a vivir esa sumisión por completo.

Entrenamiento en el camino

¿Te interesa leer sobre alguien más que se sometió al plan de Dios? Lee la vida de Pablo (Hechos 9).

Dios escogió a la madre de Jesús para enseñarnos sumisión. La pudo haber escogido para enseñarnos acerca de la maravilla del nacimiento o del milagro de que Dios viniera a la tierra en forma de un débil humano. Es más, Él hizo todo eso. Sin embargo (y esto es lo verdaderamente grandioso), el Señor tuvo un encuentro con la madre del único Dios-hombre. Para llevar la marca de Jesús en nuestras vidas debemos someternos a la todopoderosa, maravillosa e inesperada voluntad de Dios. Esta invade nuestra voluntad y suplica nuestra respuesta. La voluntad de Dios nos pide aceptar, someternos y confiar en que no es demasiado lo que se nos pide.

Eso fue lo que pasó con María. Así es como puede ocurrir con nosotros... si dejamos que ocurra.

Nunca he sido fácil para someterme. Esta es una área débil en mí. Me conocían como el chico «no toques eso». En otras palabras, si me decían que no hiciera algo, entonces lo hacía. Estaba convencido de que nadie, sin importar lo viejo o inteligente que fuera, era tan brillante como yo.

> El Señor tuvo un encuentro con la madre del único Dios-hombre. Para llevar la marca de Jesús en nuestras vidas debemos someternos a la todopoderosa, maravillosa e inesperada voluntad de Dios.

¿Un ejemplo? Cuando tenía catorce años de edad estaba de visita en casa de unos familiares y amigos. Después de una tarde de charla realmente aburrida, fui a parar al garaje de la casa. Allí guardaban una pequeña motocicleta. Y allí fue donde empezó mi problema.

Mi papá me crió montado en una moto. Cuando era niño íbamos a todas partes en ella. Como yo quería ser como mi papá, también quería manejar una moto. Por tanto, cuando vi una en el rincón de aquel garaje, mis ojos brillaron y se me hizo la boca agua. Quería dar un paseo y sin duda lo daría.

Primero fui donde estaba papá y le supliqué. En verdad le rogué. No conseguí nada.

Fui después donde el amigo de mi padre. También le rogué. Y finalmente después de mucho rogar y presionar, estaba fuera del garaje sobre la pequeña motocicleta. El casco amarrado a mi cabeza. Papá y su amigo me gritaban mil cosas. ¿Puse atención? No. Ya había visto bastante a mi padre. No necesitaba su consejo. No me importaba. ¡Me sentía genial!

Aceleré aquella maquinita, tiré los cambios y a continuación perdí el control. Y cuando digo que perdí el control, hablo en serio. Los cambios se atoraron. Eso fue suficiente para confundirme. Me asusté, choqué contra algo en el suelo, la goma se levantó y perdí el control aun más. Luego me fui directamente hacia el auto del vecino. ¡Uh! Y le hice una abolladura bastante seria.

Papá tenía mucho que decirme acerca de mi proeza. Tenía mucho que decir acerca de mi incapacidad para controlar una motocicleta. Tenía aun más que decir acerca de mi desobediencia a él y de conducir la moto como me había enseñado. Si le hubiera hecho caso, probablemente no habría terminado con una motocicleta averiada, un auto abollado y un pie gravemente lesionado.

Además me habría ahorrado una lección sobre la sumisión.

¡Qué modo inmaduro de aprender lo que María ya sabía!

> **Instantáneas**
>
> ¿Quieres saber más acerca de María? Lee Lucas 2; Juan 2 y Juan 19.25-27.

¿Qué nos enseña la historia de María? Me parece que es esto: «Sí» es siempre la respuesta adecuada para Dios. Ahora bien, María le dio al Señor mucho más que un sí. Pero cuando haces a un lado todo lo demás que le dijo a Dios, ella simplemente dio su sí e hizo lo que su sí le comprometía hacer.

Decir sí no siempre es lo más fácil de decir, especialmente a Dios. Después de todo, Él nos pide que hagamos algunas locuras como hijos suyos. Échale un vistazo a la historia. Dios le pidió al misionero Jim Elliot y a cuatro compañeros que hablaran de Él a los indios aucas, y resultaron asesinados. Dios le ha pedido a cristianos en varias partes del mundo que sean sus testigos en lugares peligrosos, que sean fieles en situaciones desesperantes, que sean obedientes y sinceros cuando eso les costaría sus negocios y aún su seguridad. Cuando le dices sí a Dios te puedes meter en problemas. Puedes comprometerte más de lo que crees. Puede avergonzarte. Incluso te pueden matar.

Sin embargo, también puede llevarte a un encuentro divino. Piensa en esto. Equilíbralo en tu balanza mental por un momento. Coloca en un lado: «relación íntima y cara a cara con Dios», y en el otro: «persecución implacable del yo». Luego decide dónde poner tu sí. Ponlo en un lado y tendrás el mismo resultado de María. Una vida increíble. Cercanía a Dios. Dirección. Significado. Pon el sí en el otro lado y tendrás un resultado totalmente distinto. Colapso. Falta de sentido. Vagar por la vida buscando qué es lo próximo que puede satisfacer tu ego hambriento.

Tu sí a Dios puede cambiar totalmente tu vida. Cambió la vida de María.

¿Qué dices?

APLICACIÓN RADICAL

Sí... pero yo no soy María. Eso es lo que estás pensando ahora mismo. Además, Dios ya no hace esas cosas. No tienes que hacer muchos quehaceres domésticos ni has visto muchos ángeles últimamente. Además, no te sientes favorecido en el cielo. En tus peores días te sientes en el suelo.

Relájate.

Recuerda que María no era perfecta. No era divina. Era humana. Tenía piel, cerebro y sentimientos. No era alguien con una conexión especial con el trono de Dios. María era una persona como nosotros. Luchó contra el pecado del mismo modo que todo ser humano nacido desde Adán y Eva. Sin embargo, sometió su vida a la voluntad de Dios. Nosotros también podemos hacerlo.

¿Cómo se ve la sumisión radical en estos días? Mira estos ejemplos:

> Una madre soltera lucha por sobrevivir. Sale de su pequeña casa alquilada al otro lado de la ciudad, con sus dos hijos pequeños y empieza su día. Después de dejar a los chicos en la guardería trabaja todo el día en la parte posterior de una panadería (el único empleo que pudo conseguir a tiempo para pagar la renta). El esposo la abandonó hace mucho. El bienestar social se acabó hace tres meses. Además, sus hijos necesitan zapatos. Ella se somete al llamado de Dios en su vida, de ser madre, en vez de escapar. Podría huir. Podría beber hasta escapar. Siempre hay un modo de huir de la responsabilidad. Pero ella no lo hace. Eso es sumisión.
>
> Un adolescente que vive con sus padres en un vecindario adinerado de la ciudad tiene muchos amigos realmente súper bárbaros. Él es capitán del equipo de tenis y presidente del Club Francés. La mayoría de los muchachos ricos de su colegio se inyectan heroína los fines de semana. Se espera que él haga lo mismo para mantener su posición en el colegio y con sus amigos. Sin embargo, no lo hace, y prefiere so-

meterse a las leyes de Dios en vez de escoger ese camino fácil hacia los amigos y el poder.

Una estudiante de tercer año de universidad se encuentra en la parte de atrás del salón de clases, pensando en su próximo movimiento. Siente la necesidad... no... siente la urgencia de protestar por ciertas creencias políticas de otros estudiantes en el recinto universitario. Ella no es de las personas que toman con mucha educación estas protestas, o en un ambiente controlado. Quiere una guerra política completa. Quiere llegar a los corazones de los líderes universitarios. No obstante, lucha con el conocimiento de que sus acciones quizás no sean muy a la imagen de Cristo. Obrar por medio del sistema parece ineficaz, pero romper la ley la pondría muy lejos de donde Dios quiere que esté. Decir ir más allá de sus apasionadas ideas y presentarse ante el Dios que puso en ella esa pasión. Busca la manera de Dios de hacer la diferencia y la encuentra.

Verdad radical

María se somete al plan de Dios. Le dice sí a Dios.

Tienes razón. Quizás hoy día no enfrentamos situaciones tan extrañas como llevar al Hijo de Dios en el vientre. Pero no tienes que estar en estado del Hijo de Dios para conocer acerca de la sumisión. Someterse a Dios trata del «sí» que le damos todas las veces que enfrentamos una decisión. Volvamos a examinar la vida de María por un momento. Cuando Dios la llamó, ella hizo lo siguiente:

María recordó su lugar

No vemos a una María pensando en el llamado de Dios como si se tratara de un ascenso en su carrera. Tampoco dijo: «Dios, ¿estás seguro?» María fue más allá y recordó que era una creación de Dios llamada al servicio de su Creador. Pudo haber escogido rechazar a su Creador. Pero al hacerlo no habría estado recordando su lugar.

María respondió al plan de Dios aun cuando no lo entendía por completo

Lee otra vez el intercambio de palabras entre Gabriel y María. No oyes decir a María: «Está bien, creo que entiendo. Así es, lo capté. ¡Sé lo que Dios está haciendo!» Lee tres veces la conversación. Léela tres mil veces. No encontrarás eso ni nada parecido. Lo que encontrarás es la respuesta de María: «Hágase conmigo conforme a tu palabra». Tal vez no comprendía todas las circunstancias que iba a enfrentar, pero entendía que el Dios en quien había confiado tenía el control.

María buscó ayuda

Nada sugiere que María tuviera problemas con someterse a Dios. Pero sí hay bastante evidencia de que inmediatamente después de su encuentro con el ángel acudió a una persona más sabia o mayor que ella. Escogió cuidadosa y sabiamente. Elisabet era de su familia; era la esposa de un pastor; era una amiga confiable. Cuando no comprendemos lo que se nos pide, cuando no estamos seguros de poder hacerlo, y aun cuando estamos convencidos de no poder, en todas estas situaciones podemos salir corriendo donde alguien en quien confiamos, alguien que ha enfrentado más de la vida que nosotros.

Ríndete. Déjate llevar. Ve a donde un amigo si tienes que hacerlo. Pero convéncete de que someterte a Dios es esencial para una vida nueva, para un nuevo nacimiento y para algunas cosas realmente nítidas que pueden ocurrir en tu vida.

Sumisión radical. Es esencial. Además es una manera poderosa de vivir.

MI VIDA

¿Estás pensando someterte al plan de Dios para tu vida? ¡Magnífico! Estas preguntas te ayudarán a conectar tu vida con lo que pasó en la vida de María:

→ ¿Por qué piensas que Dios reveló su plan a María del modo en que lo hizo?

→ ¿Cómo crees que se sintió María cuando oyó cuál era el plan de Dios?

→ ¿Cómo te habrías sentido tú si hubieras sido María?

→ ¿Cómo se parece la historia de María a la tuya?

→ ¿Qué te está Dios pidiendo que sometas a Él?

→ ¿Cuál es tu reacción ante el pedido de Dios?

- ¿Cómo se afectará tu vida si te sometes al plan de Dios?

- ¿Cómo se afectará tu vida si no te sometes al plan de Dios?

- ¿Qué te impide someter tu vida a Dios?

- ¿Cómo vivirás tu vida ante Dios como resultado de conocer de la historia de María?

TODA LA VERDAD

La historia de María en Lucas 1.26-45

Al sexto mes el ángel Gabriel fue enviado por Dios a una ciudad de Galilea, llamada Nazaret, a una virgen desposada con un varón que se llamaba José, de la casa de David; y el nombre de la virgen era María. Y entrando el ángel en donde ella estaba, dijo: ¡Salve, muy favorecida! El Señor es contigo; bendita tú entre las mujeres.

Mas ella, cuando le vio, se turbó por sus palabras, y pensaba qué salutación sería esta. Entonces el ángel le dijo: María, no temas, porque has hallado gracia delante de Dios. Y ahora, concebirás en tu vientre, y darás a luz un hijo, y llamarás su nombre JESÚS. Este será grande, y será llamado Hijo del Altísimo; y el Señor Dios le dará el trono de David su padre; y reinará sobre la casa de Jacob para siempre, y su reino no tendrá fin.

Entonces María dijo al ángel: ¿Cómo será esto? pues no conozco varón.

Respondiendo el ángel, le dijo: El Espíritu Santo vendrá sobre ti, y el poder del Altísimo te cubrirá con su sombra; por lo cual también el Santo Ser que nacerá, será llamado Hijo de Dios. Y he aquí tu parienta Elisabet, ella también ha concebido hijo en su vejez; y este es el sexto mes para ella, la que llamaban estéril; porque nada hay imposible para Dios.

Entonces María dijo: He aquí la sierva del Señor; hágase conmigo conforme a tu palabra. Y el ángel se fue de su presencia.

> Decir sí no siempre es lo más fácil de decir, especialmente a Dios. Después de todo, Él nos pide que hagamos algunas locuras como hijos suyos. Decirle sí a Dios puede cambiar totalmente tu vida. Cambió la vida de María.

En aquellos días, levantándose María, fue deprisa a la montaña, a una ciudad de Judá; y entró en casa de Zacarías, y saludó a Elisabet. Y aconteció que cuando oyó Elisabet la salutación de María, la criatura saltó en su vientre; y Elisabet fue llena del Espíritu Santo, y exclamó a gran voz, y dijo: Bendita tú entre las mujeres, y bendito el fruto de tu vientre. ¿Por qué se me concede esto a mí, que la madre de mi Señor venga a mí? Porque tan pronto como llegó la voz de tu salutación a mis oídos, la criatura saltó de alegría en mi vientre. Y bienaventurada la que creyó, porque se cumplirá lo que le fue dicho de parte del Señor.

RADICALES MODERNOS

Sumisión no es algo que mucha gente pide en oración ni algo que muchos están dispuestos a vivir. Quizás Crystal no oró pidiéndola, pero fue capaz de vivir una vida de sumisión más allá de lo común... radical.

Cuando Crystal tenía aproximadamente ocho años fue un día con su familia al lago.

La niña veía a su padre flotar en el agua a la distancia. De pronto, nadie lo veía. Ninguna señal del esposo. Ninguna señal del papá. Entonces lo vieron. Su papá apareció y comenzó a agitar las manos frenéticamente. Luego, en un instante, volvió a desaparecer. Les tomó doce horas encontrar el cadáver de su papá.

¿Cómo te sentirás estar en la orilla de un lago y ver que tu papá se ahoga? ¿Lo podrías soportar? No muchos podrían. Es una pérdida demasiado grande para expresarla con palabras.

Si tu padre muere, puedes escoger muchas maneras diferentes de vivir. Podrías enojarte y vivir con esa ira. Podrías ser indiferente, tratar que la muerte de tu padre no te afecte y levantar una firme coraza emocional a tu alrededor para mantener a distancia a todo el mundo.

No sucedió así con Crystal. Ella escogió una senda distinta. Aunque recuerda con mucha tristeza lo que le ocurrió a su padre, también escucha a Dios, hace lo que Él le pide y entonces continúa con su vida.

¿Qué tal si...?

Dios hizo muy convincente su deseo de que María llevara a Jesús en su vientre. Si ella hubiera preferido no someterse, ¿quién hubiera sido la madre de Jesús? María se hubiera perdido la más grandiosa aventura de su vida.

Si le preguntas a Crystal, te dirá rápidamente que no es un ejemplo de nada radical. A veces lucha con lo que Dios le pide. Lucha con su actitud, exactamente como lo hacemos todos. Aun cuando sus amigos le piden consejo, y muchos la consideran una líder espiritual en su grupo juvenil, ella nunca lo admite.

Crystal es un ejemplo perfecto de sumisión *porque* lucha obedientemente con las vueltas y giros de Dios en su vida, *porque* no siempre entiende. Si se rindiera automática e inmediatamente ante todo lo que Dios le presenta, ¿aún le llamarías sumisión? Lo dudo.

Crystal inspira a otros no por ser perfecta sino por ser *genuina.* Ella vive su sumisión a Dios y es un ejemplo de sometimiento *a pesar* de lo que Él le tenga reservado.

A veces, cuando pierdes algo esencial en tu vida, Dios hace nacer una nueva devoción. Él usa un suceso con el fin de hacer que claves tus garras en Él y puedas ver que Él tiene el control de tu vida. Eso fue lo que ocurrió con Crystal. Ella se conectó con Dios y se está sometiendo voluntariamente, a pesar del costo.

Eso es sumisión radical.

6 La sierva de Naamán:

Compasión radical

Has estado todo el día sobre el lomo de este caballo. Tú y la mitad del resto del mundo. Todos tienen el mismo propósito: alcanzar el aro.

El aro dorado.

Escogiste un caballo que conoces muy bien y lo llamaste Éxito. Tu vecino llamó Popularidad al de él. El tipo del frente llamó Perfección a su caballo.

Está sentado allí... esperando... esperando... esperando.

Al fin comenzó la música y el carrusel empezó a girar. Comenzó tu paseo.

Algo curioso empezó a suceder a medida que girabas y girabas. La gente no estaba preocupada de su seguridad. Todos estaban sentados en sus caballos, extendiendo los brazos para agarrar el aro.

El aro dorado.

Las personas se volvieron tan impacientes que empezaron a tirarse para alcanzar el aro.

El aro dorado.

El carrusel se detuvo cuando todo el mundo falló en agarrar el aro y todas las posibilidades se habían agotado. Todos se bajaron, se dirigieron a la puerta y esperaron de nuevo en la larga fila. Esperaban otra oportunidad de agarrar el aro.

El aro dorado.

¿Qué es el aro dorado? Es una parte de la maquinaria del

antiguo carrusel de los parques de diversiones. En aquella época, se ponía un anillo dorado en un sitio casi imposible de alcanzar en el techo donde rodaba el carrusel. Cuando el carrusel pasaba el aro, los jinetes intentaban agarrarlo. Se elevaban todo lo que podían sin caerse de sus caballos para agarrar el aro.

Sin embargo, en estos días el aro dorado es algo muy distinto. Se ha convertido en un símbolo de todo lo que queremos. Pisamos a otros para llegar tan alto como podamos, luchando para alcanzar lo casi inalcanzable.

Nuestras vidas giran y giran. Hemos adoptado la mentira de que tener más, lograr lo mejor e ir tras el aro dorado (la vida buena y fácil) es lo que debemos hacer aquí.

Quiero que conozcas a alguien que no entendía este concepto. Me gustaría que conocieras a alguno de quien ni siquiera sé el nombre.

Imagínate por un instante haciendo algo importante pero que nadie recuerde tu nombre. Imagina que eres tan insignificante en la historia que tu nombre ni se menciona. No te dan la oportuni-

Quién, qué, dónde, cuándo

La sierva que ayudó a Naamán fue probablemente una jovencita que habían llevado cautiva en uno de los asaltos sirios al territorio israelita. Entonces se convirtió en una sierva de la mujer de Naamán.

dad de ir tras el aro dorado. Es más, durante la mayor parte de tu vida permaneces invisible y olvidado.

Esa es la sierva de Naamán. Para decir la verdad, no era la sierva de Naamán. Era la sierva de la *esposa* de Naamán. Y si nos pusiéramos con tecnicismos, no era sierva sino una esclava. Era una cautiva, una exiliada. La sacaron de su hogar en una época de guerra y la separaron de su familia cuando era muy joven. La trasplantaron a una tierra que no conocía y le dijeron que tenía que trabajar para personas extrañas. El jefe del hogar se llamaba Naamán, un funcionario militar sirio. Por eso se le conoce como la sierva de Naamán.

Entrenamiento en el camino

¿Te interesa leer sobre otra persona que mostró compasión? Lee la parábola del hijo pródigo (Lucas 15.11-24).

No sabemos cuáles eran las tareas diarias de esta sierva pero podemos hacer algunas buenas suposiciones: lavar ropa, preparar alimentos, limpiar la casa, atender lo mejor que podía a la señora de Naamán.

Ponte en el lugar de esta muchacha. ¿Cómo te sentirías si, un día, un grupo de personas armadas te separaran de tu familia? ¿Te acurrucarías temblando en la parte trasera del vehículo mientras te llevan miles de kilómetros lejos de tu casa? Como prisionero, ¿los ayudarías en lo que debían hacer todos los días?

A mí me daría mucho coraje. Sin embargo, la sierva de Naamán parecía haberse adaptado muy bien. ¿Cómo lo sabemos? Son necesarias algunas explicaciones.

Naamán era un comandante de mucha importancia en el ejército sirio. Tenía fama por estar en control. Era un conquistador. Un prototipo militar. Un soldado de soldados. ¿Te puedes imaginar cómo debió haber sido su hogar? Muy ordenado. En las paredes, placas por servicios destacados. Espadas enmarcadas que recordaban batallas memorables. Áreas de estudio con poca luz y mapas en las paredes. El aroma de un costoso té colándose.

Sin embargo, había algo que no encajaba en este panorama casi perfecto. Naamán tenía lepra, una condición imposible de ocultar. Esta enfermedad a menudo hacía que la piel se volviera blanca y ocasionaba que se cayeran partes del cuerpo. Naamán era un guerrero valiente en mala condición. Una cura habría salvado más que su vida; habría salvado su legado. Lo habría puesto de nuevo en la fila de batalla. Considera esto. Un poderoso guerrero que tiene lepra ya no es poderoso. Pero encontrar una cura cambiaría las cosas por completo. Si pudiera dejar atrás la enfermedad que lo incapacitaba, se podría salvar lo que fue y lo que hizo.

> Es necesario que te hagas una idea de quién es Dios. Combínalo con un corazón que se da a otros. Mézclalo con una capacidad de vocalizar, alcanzar a otros, conmover, ayudar. Eso es compasión radical. «¿Puedes verlo? Lo mismo que te ha mantenido abajo te llevará hacia arriba».

Sin embargo, en esa época la lepra era una enfermedad incurable. Tenerla significaba una muerte lenta y dolorosa. Peor aún, era una vida lamentable, lenta y dolorosa. Lo peor de todo es que era sumamente contagiosa: nadie se acercaba a un leproso.

Por tanto, tenemos un guerrero valiente con una enfermedad que no podía conquistar. ¿No crees que se sentía indefenso? Alguien que solía ser un conquistador había encontrado algo que no podía derrotar.

No más guerras.

No más reputación.

No más legado.

No más contacto con otras personas.

Naamán necesitaba ayuda. Aquí fue donde su sierva dio un paso radical, usó su compasión y se convirtió en la persona que pudo conmover a este guerrero inconmovible y poderoso. Lo hizo en dos frases: «Si rogase mi señor al profeta que está en Samaria, él lo sanaría de su lepra» (2 Reyes 5.3).

Esto fue todo. La sierva no dijo nada más. Por lo menos es todo lo que sabemos. Apuesto que sus palabras penetraron el corazón de Naamán. El militar buscó a Eliseo y este le dio el remedio («ve y lávate siete veces en el Jordán, y tu carne se te restaurará, y serás limpio»). Después de haber sido capturada y llevada lejos de su familia, la muchacha encontró la forma de ayudar a otros. Lo que hizo fue asombroso.

¿Por qué fue asombroso? Porque pudo haber estado enojada, resentida, temerosa y con deseos de venganza. Pudo haber sido todo eso, sin embargo pronunció dos frases compasivas.

Aun más asombroso que esto era Aquel en quien la sierva de Naamán confiaba. Ella confiaba en Dios. El mismo Dios que había permitido que la arrancaran de su hogar. Ella tenía una sensación interior de que Dios estaba en control, de que el Señor hace cosas buenas por la gente, aun cuando la vida no siempre sea buena. Ese Dios podía sanar. Ese Dios podía quitarle la enfermedad a este hombre y restaurarlo.

Eso es compasión radical.

Eso también es compasión al revés.

Piensa en esto. Es como si un desamparado se le acercara mientras compras el décimo regalo para un amigo, y le diera un consejo sobre cómo gastar su dinero. O como si un niño aconsejara a su padre sobre cómo cambiar el aceite al auto. La situación está fuera de lugar. Está al revés.

¿Por qué? Porque en la época de Naamán los siervos no aconsejaban a sus amos. Seguramente vivían con ellos, o cerca de ellos, pero no les tomaban en cuenta. La sierva no estaba en posición de ayudar pero de todas maneras encontró un modo de hacerlo.

De una manera algo extraña, esto me recuerda un video que he visto con mis hijas muchas veces. A ellas les encanta esta película sobre un elefante de orejas enormes. He visto tanto el video que, ahora mismo, me puedo imaginar los primeros intentos que hacía este pequeño elefante para lidiar con sus monstruosos lóbulos. Finalmente tomó sus orejas con calma y enfrentó la vida. Sin embargo, otras personas tenían dificultades con el pequeño. No lo aceptaban. No eran muy amables con él. Lo ridiculizaron. Lo metieron al circo. Se rieron de él. Le tenían aversión. Lo maltrataron.

> **Instantáneas**
>
> ¿Quieres saber más acerca de la sierva de Naamán? Lee 2 Reyes 5.1-27.

Mientras la cinta sigue mostrando la trágica vida del elefante, nuestro pequeño héroe hace amistad con un ave. Los dos descubren que las orejotas son en realidad alas bien diseñadas. Un día se lanzan de un árbol y se encuentran volando. Se elevan juntos. Entonces el pájaro hace una declaración casi profética:

«¿Puedes verlo? Lo mismo que te ha mantenido abajo te llevará hacia arriba».

Esta declaración es tan cierta para la sierva de Naamán como lo es para el torpe elefantito gris. El cautiverio puso a la muchacha en posición de convertirse en una heroína inesperada en esta historia. No cabe duda que fue su situación la que la convirtió en alguien que nunca esperarías que ayudara a su amo. Pero, movida a compasión por Naamán, esta baja posición en que Dios la había colocado la capacitó para ser un instrumento en las manos del Creador.

¿Qué está encadenando tu compasión? ¿Unas enormes orejas? ¿Una baja posición social? ¿Te sientes como un esclavo? Todos tenemos excusas para no alcanzar a otros. Tiempo. Dinero. Dones espirituales. Algunos tenemos ya una lista de respuestas preparadas para lanzarlas cuando nos llaman a ir hacia las personas heridas, quebrantadas o perdidas. Nuestras excusas nos hacen sentir mejor, alejan de nosotros a la gente y también levantan una barrera entre nosotros y quienes necesitan ayuda.

Y nos preguntamos por qué hay tantos niños perdidos con sus caritas en los afiches. Nos preguntamos por qué los desamparados no están comiendo. Nos preguntamos por qué los matrimonios terminan en trágicas separaciones. Quizás si tuviéramos un poco más de compasión, el mundo podría girar con un poco más de dulzura. Tal vez podría ser un poco mejor para algunos de nosotros.

Entonces, ¿eres un siervo? ¿A quién le importa? ¿Estás muy ocupado? Tómate un descanso.

La sierva de Naamán, un personaje bíblico que fácilmente se puede pasar por alto y olvidarse, decidió alcanzar a otros. Fue más allá de su condición. Hizo más de lo que le correspondía. Hizo la obra de Dios.

Lo único que necesitó fue un poco de compasión.

Desde mi perspectiva, ella alcanzó el aro dorado y está volando con él.

APLICACIÓN RADICAL

¡Qué contraste! Una sierva en la casa de un soldado valiente. Quien saca brillo al aro dorado en el hogar de quien lo agarra. La sierva de Naamán entendió quién era Dios. Ella sabía qué se necesitaba para que su amo sanara. Sin embargo, todo eso es solo información. Fue lo que ella dijo. Fue el riesgo que se tomó al decirlo. Ella pudo haber seguido barriendo. Pudo habérselo guardado para sí misma. Pudo haber estado enojada y amargada. Pudo haberse imaginado que Naamán tenía lo que merecía.

Allí es donde la compasión de la sierva se volvió radical. No se trataba de cuánta información tenía sino de su disposición para compartirla. Esto fue lo que ella me enseñó.

La compasión surge de un corazón que se preocupa por la gente

Cuando miras a la sierva de Naamán puedes notar que su corazón la motivaba.

El corazón de la sierva. Este es un concepto destacado, ¿no lo crees?

¿Qué significa eso? Significa que la sierva pensaba primero en los demás. Significa que cuando caminaba por la calle y veía a alguien frente a ella que obstaculizaba el tráfico porque no podía caminar, su reacción no era: «¡Fuera del camino!» Más bien su reacción era algo así como «¿puedo llevarlo a alguna parte?»

> **Verdad radical**
>
> *Incluso en circunstancias que pudieron haber hecho surgir lo peor en la sierva de Naamán, esta muchacha mantuvo su espíritu compasivo y su creencia en el poder de Dios.*

Las personas no estaban en su camino, eran su camino, su llamado. La compasión ve a los demás y pregunta: «¿Qué puedo hacer por ellos?»

¿Qué puedes hacer por la gente? ¿Adónde debe apuntar tu compasión? ¿Te tiene harto el pasto crecido en el patio del vecino? Ofrécete a cortarlo.

La compasión no mira la condición social

La sierva de Naamán pudo hacer lo que hizo porque no le importaba la posición social. ¿Cómo lo hizo? Ella estaba en el fondo. Si había personas que podrían ser invisibles, ella seguramente estaría en ese grupo.

¿Cuántas veces hemos dudado debido a lo que otra persona podría pensar? ¿Con cuánta frecuencia ayudaríamos a otros si no estuviéramos pendientes al nivel social?

La compasión es incontrolable

Si una sierva llena de compasión no puede contener su deseo de ayudar, ¿cómo podríamos hacerlo nosotros? Si esta persona que hemos estudiado tiene la capacidad de darse a sí misma, ¿cómo podemos evitarlo nosotros?

¿Cómo puede entender que una sierva, la persona más baja en la sociedad, se ofrezca a ayudar a su amo? ¿Cómo rayos se pueden entender el concepto de que alguien en los niveles sociales más bajos intente ayudar a alguien que está por encima en la escala social?

Fácil. La verdadera compasión es incontrolable. Es una urgencia incontrolable. Es una obligación.

¿Te incomoda algo de esto? ¿Eres un siervo que no se percata de la gente? ¿Eres un rey que no soporta a la gente de las bajas esferas?

Ese soy yo. O creo que debería decir que ese solía ser. Me crié con buenos padres. Gente seria y amable. Sin embargo, me crié en un vecindario perfecto rodeado de familias que eran perfectas. Fui a un colegio perfecto. Mis padres, que podían costearme un cómodo estilo de vida, me lo dieron.

Nunca vi personas desamparadas en mi ciudad. No existían donde yo vivía. No sabía que existía la pobreza.

Entonces, cuando salí a la universidad tuve que buscar qué hacer en las vacaciones de Navidad. Los cursos eran muy caros y quería ayudar en todo lo que pudiera. Así que conseguí un trabajo como recaudador de fondos para el Ejército de Salvación. Todos los años, entre el día de Acción de Gracias y la Navidad, el Ejército se las arregla para tener gente en la entrada y salida de los centros comerciales, haciendo sonar campanillas y recogiendo dinero en pequeños recipientes rojos. El único inconveniente de trabajar para el Ejército de Salvación era estar a merced del grupo local donde vivieras.

Mi primera experiencia fue horrible. Tenía diecinueve años. Había estado en la universidad sólo unos cuantos meses. Viajé a una ciudad grande, justo al sur de donde estaba la universidad. Quizás piensas que nos alojaban en hogares. No era así. Nos ponían en un refugio de desamparados. Tenía diecinueve años y estaba viviendo en un refugio de mendigos. Debía estar en alguna fiesta. Debía estar con mi familia en la cena de Acción de Gracias. No se suponía que estuviera viviendo con otros estudiantes universitarios junto a personas desamparadas.

Hablé mucho de cómo me sentía porque vivieran mendigos fuera de mi cuarto. Me molestaba tener que ducharme con ellos. Me enfurecía tener que tropezarme con ellos cuando salía de mi cuarto y del refugio. Estaban por todas partes. Viví en un estado de enojo y molestia durante los primeros días.

Entonces me aburrí de estar sentado en mi cuarto. Lentamente mi cuarto, que era mi refugio (con candado) se convirtió en una prisión. No podía salir o me enfrentaría con ellos. Afuera hacía frío. El refugio de desamparados estaba situado en una parte de la ciudad donde no ocurría nada. Estaba atrapado.

¿Qué crees que pasó? Me llené de valor y salí del cuarto.

Conocí a Mary. Ella estaba huyendo de su novio abusivo. Los refugios de desamparados eran su única esperanza. Conocí a Larry, un homosexual adicto a las drogas que intentaba equilibrar su vida. Conocí gente. Simplemente me senté a escuchar a la gente. No a los desamparados. *Gente.*

Allí estaba yo, el pequeño rey Tim prestado de un mundo perfecto para hacer algo bueno por la gente pobre y afectada a través del ministerio de esta organización de ayuda. Dios usó a esas personas para cambiarme.

¿Te imaginas qué me ocurrió después de esa noche? Cada noche llegaba, dejaba mis cosas y me dirigía a los pasillos de ese edificio donde se sentaban esas personas necesitadas, esperando que la vida las hiciera mover. Además escuchaba. También hablaba, pero principalmente escuchaba.

¿No sientes compasión? ¿No tienes el don?

Haga lo que hice. Haga lo que creo que era parte de la naturaleza de la sierva.

Ora. Pídele a Dios que te dé compasión. No tienes que hacer ninguna oración adornada para pedirle al Señor. Simplemente dile que quieres ver a la gente. No programas. No interrupciones. Simplemente gente.

Sin embargo, te advierto que si lo haces nunca volverás a ser el mismo. Te afectarán drásticamente las cosas que pasen ante ti. Quizás ya no puedas sentarte a ver demasiada televisión porque tu corazón se quebranta por gente de verdad. Podrías llorar al ver niños maltratados que sufren.

Te volverás humano.

Quizás seas un siervo, o tal vez tengas siervos. Quienquiera que seas, necesitas compasión.

Necesitas compasión radical.

Párate frente al espejo y practica diciendo: «¿Te puedo ayudar?» Pásale a alguien más el aro dorado.

MI VIDA

¿Estás seguro de que Dios te está llevando a una vida de compasión radical? Genial. Toma un momento con el fin de hacerte estas preguntas y que inicies la compasión en tu vida.

→ ¿Por qué puedes decir que la sierva de Naamán sentía compasión?

→ ¿Qué era poco común acerca de su compasión?

→ ¿Por qué crees que tuvo compasión por su amo?

→ Si fueras la sierva de Naamán, ¿tendrías esta clase de compasión?

→ ¿Cuándo has sentido este tipo de compasión por alguien? ¿Cuál fue el resultado?

→ ¿Cuándo otros han tenido compasión por ti? ¿Cuál fue el resultado?

- ¿Cómo podrías calificar tu habilidad de tener compasión por otros?

- ¿Cómo podrías tener más compasión por otros?

- ¿Quién crees que necesita compasión?

- ¿Cómo puedes mostrar más compasión por las personas que conoces?

TODA LA VERDAD

La historia de la sierva de Naamán en 2 Reyes 5.1-14

Naamán, general del ejército del rey de Siria, era varón grande delante de su señor, y lo tenía en alta estima, porque por medio de él había dado Jehová salvación a Siria. Era este hombre radicalmente valeroso, pero leproso. Y de Siria habían salido bandas armadas, y habían llevado cautiva de la tierra de Israel a una muchacha, la cual servía a la mujer de Naamán. Esta dijo a su señora: Si rogase mi señor al profeta que está en Samaria, él lo sanaría de su lepra. Entrando Naamán a su señor, le relató diciendo: Así y así ha dicho una muchacha que es de la tierra de Israel.

Y le dijo el rey de Siria: Anda, ve, y yo enviaré cartas al rey de Israel.

Salió, pues, él, llevando consigo diez talentos de plata, y seis mil piezas de oro, y diez mudas de vestidos. Tomó también cartas para el rey de Israel, que decían así:

> *Cuando lleguen a ti estas cartas, sabe por ellas que yo envío a ti mi siervo Naamán, para que lo sanes de su lepra.*

Luego que el rey de Israel leyó las cartas, rasgó sus vestidos, y dijo: ¿Soy yo Dios, que mate y dé vida, para que este envíe a mí a que sane un hombre de su lepra? Considerad ahora, y ved cómo busca ocasión contra mí.

Cuando Eliseo el varón de Dios oyó que el rey de Israel había rasgado sus vestidos, envió a decir al rey: ¿Por qué has rasgado tus vestidos? Venga ahora a mí, y sabrá que hay profeta en Israel.

Y vino Naamán con sus caballos y con su carro, y se paró a las puertas de la casa de Eliseo. Entonces Eliseo le envió un mensajero, diciendo: Ve y lávate siete veces en el Jordán, y tu carne se te restaurará, y serás limpio. Y Naamán se fue enojado, diciendo: He aquí yo decía para mí: Saldrá él luego, y estando en pie invocará el nombre de Jehová su Dios, y alzará su mano y tocará el lugar, y sanará la lepra. Abana y Farfar, ríos de Damasco, ¿no son mejores que todas las aguas de Israel? Si me lavare en ellos, ¿no seré también limpio? Y se volvió, y se fue enojado. Mas sus criados se le acercaron y le hablaron diciendo: Padre mío, si el profeta te mandara alguna gran cosa, ¿no la harías? ¿Cuánto más, diciéndote: Lávate, y serás limpio? El entonces descendió, y se zambulló siete veces en el Jordán, conforme a la palabra del varón de Dios; y su carne se volvió como la carne de un niño, y quedó limpio.

RADICALES MODERNOS

La familia de Jonatán es muy activa en la iglesia y él es activo en su grupo juvenil de sesenta miembros. Él tiene una compasión que es una mezcla de dos grandes características: fortaleza y entusiasmo por invertir en otros.

A Jonatán le gusta el fútbol y es bueno jugándolo. Desde su primer año en la universidad jugó en el equipo universitario. Imagínate esto. Jonatán y el resto del equipo de fútbol estaban hablando en el autobús cuando regresaban de un partido. Entonces algunos de los muchachos le preguntaron por qué no se acostaba con chicas ni bebía. Jonatán les dio una respuesta directa acerca de sus creencias en Jesús.

Luego alguien le preguntó si creía que las personas que no conocían a Jesús irían al infierno. Jonatán dijo que sí. Así que los muchachos señalaron a alguien del grupo que no conocía a Jesús y preguntaron: «¿Quieres decir que este tipo se irá al infierno?» Jonatán respondió con sinceridad y compasión. Nadie sabe si el sujeto al que estaban señalando había aceptado alguna vez a Jesús. Sin embargo, otro muchacho estaba escuchando y algún tiempo después entregó su vida a Jesús. Dijo que nunca olvidó la conversación que alcanzó a oír esa noche en el autobús.

¿Qué es lo importante? La compasión es ser lo suficientemente humanitario como para decir la verdad. Para ser compasivo, tienes que ser sincero. Pero no dejarás simplemente que la verdad quede en el aire. Caminas con las personas por la vida, como Jonatán ha estado haciendo.

Con sólo tener una charla con Jonatán oirás su corazón hablar de invertir en la gente. Él ansía ayudar. Le encanta encargarse de jóvenes nuevos en la fe o que recién han ingresado al grupo juvenil, y les da su tiempo.

¿Qué tal si...?

Si esta muchacha hubiera mantenido la boca cerrada, entonces Naamán habría tenido una muerte vergonzosa y el poder de Dios no se habría honrado en una tierra extranjera.

En sus últimos años de colegio, Jonatán mostraba una compasión tan radical por los estudiantes, que los invitaba a las actividades especiales de su iglesia. Quizás pienses que a lo mejor respondieron algunos. Pero según su líder juvenil, todo el colegio de Jonatán cambió. El ambiente en el recinto de casi cuatrocientos estudiantes se transformó como resultado de las invitaciones de Jonatán a la iglesia. Quizás no intentaba conquistar a todo el colegio pero eso fue exactamente lo que ocurrió.

La compasión por otros nos lleva a lugares a los que nunca pensamos que podríamos ir, y nos hace hacer cosas que nunca pensamos que podríamos hacer. Ese es el mensaje de la vida de Jonatán.

Compasión radical. Te llevará a nuevos lugares. Hará que tu corazón se conmueva por los perdidos. Te ayudará a conquistar un colegio. Adelante. Invierte en la gente. Permite que tu corazón se conmueva. Y prepárate para que Dios te use.

Eso es compasión radical.

7

Josías:

Espiritualidad radical

Ocho años de edad. Piensa en eso.

¿Qué estarías haciendo ahora si tuvieras ocho años?

¿Jugando con tierra? Tal vez. ¿Haciendo castillos de arena con tu familia en la playa? Probablemente. ¿Viendo tiras cómicas? ¿Persiguiendo insectos? ¿Tomando una siesta? ¿Poniendo a un lado tus espinacas? Estas son algunas cosas que yo estaría haciendo.

Pero no Josías.

Bienvenido a la vida de uno de los reyes más jóvenes que registra la historia. A la «madura edad» de ocho años Josías estaba jugando a la política cuando debía haber estado jugando con juguetes. Estaba manipulando las emociones de la gente cuando eran los demás quienes debían haber estado forjando las suyas.

Esto te dirá algo sobre la clase de chico que era Josías. A los dieciocho años del reinado de Josías un hombre llamado Hilcías encuentra un libro de la ley mientras trabajaba en el templo. Es difícil imaginar que se pierda cualquier parte de la Palabra de Dios en una iglesia, pero en aquellos días los libros de la Biblia eran mucho más raros que hoy día, en que a menudo tenemos seis o siete Biblias en cada banca de la iglesia. En aquellos días se tenían unos pocos ejemplares. De todos modos, este libro de la ley se había perdido. Cuando Hilcías lo encontró se lo llevó a Josías.

Si hubieras sido el joven rey Josías, ¿qué habrías hecho con un manuscrito de la Biblia perdido por mucho tiempo? ¿Lo habrías enviado a los expertos para autenticarlo y habría pedido un memorando con un resumen? ¿Lo habrías puesto en un museo y hubieras cobrado algo de dinero por exhibirlo? Te diré lo que hizo Josías: lo leyó.

Detengámonos por un instante. ¿Cuán largo crees que era el libro? ¿Una página? ¿Varias páginas? Muchos expertos bíblicos piensan que el libro de la ley podría haber sido Deuteronomio. Busca tu Biblia. ¿Cuántas páginas tiene ese libro en tu Biblia? Muchas, ¿verdad? En la mía también.

¿Qué es lo verdaderamente grandioso sobre esto? Nos dice algo acerca de Josías desde el mismísimo principio de esta historia... tomó tiempo para conocer la Palabra de Dios. Tenemos que admitirlo. Algunas partes de la Biblia son más difíciles de entender que otras. A veces pierdo el interés. No Josías. Él amaba la Palabra de Dios. Meditaba en cada sílaba.

Podría sorprenderte saber que lo que Josías leyó lo hizo enojar. Se enojó consigo mismo. Se enojó con su pueblo. Incluso se enojó con los sacerdotes que trabajaban en el templo. Esta es una parte del mensaje de Dios que puso mal a Josías:

> He aquí yo traigo sobre este lugar, y sobre los que en él moran, todo el mal ... por cuanto me dejaron a mí, y quemaron incienso a dioses ajenos, provocándome a ira con toda la obra de sus manos; mi ira se ha encendido contra este lugar, y no se apagará. (2 Reyes 22.16-17)

Supongamos por un momento que eres Josías. Digamos que tienes alrededor de veintiséis años y que eres el líder de una nación increíblemente poderosa que se ha vuelto muy caprichosa. Digamos que crees que lo que Dios piensa en realidad sí importa. ¿Cuál sería tu reacción ante estos versículos?

Llorarías. Te lamentarías. Eso fue lo que Josías hizo.

La próxima respuesta fue absolutamente asombrosa. No se preocupó de lo que pudieran pensar los demás. No cedió al *statu quo* de lo que ya estaba pasando en el templo. (Para un rey de su edad habría sido muy fácil ceder y seguir a quienes eran más viejos que él, pues debían estar en lo cierto... ¿verdad?) Él no pareció dudar en lo que hacía. Actuó.

Quién, qué, dónde, cuándo

Josías era el príncipe nacido del rey Amón y la reina Jedida. Su abuelo fue el malvado rey Manasés. Josías fue rey de Judá por treinta y un años. Su reinado comenzó luego del asesinato de su padre. Josías sólo tenía ocho años en ese entonces.

Josías derribó los ídolos que los líderes de adoración israelita habían permitido en el templo. Destituyó a los sacerdotes de otras religiones que habían establecido tiendas en el templo donde vendían ídolos de otros dioses. Mató sacerdotes de otras religiones. Absoluta, positiva e inequívocamente acabó con todo lo que se oponía a la adoración israelita de Dios. Removió sus ídolos. Exterminó cualquier otra religión. Obedeció a la Palabra de Dios.

Josías sólo tenía veintiséis años. Es más, la Biblia dice que comenzó este proceso de limpieza cuando sólo tenía veinte.

Veinte. ¿Puedes entender la importancia de esa edad? A punto de dejar la etapa de las espinillas. Las chicas sencillamente habían perdido sus piojos sólo unos pocos años antes. La madurez estaba llegando. El niño rey se convertía rápidamente en hombre... y su primer paso importante fue enojarse con todo el mundo... cambiar el modo en que la gente adoraba... reorganizar la religión. ¿Puedes ver la importancia de tomar esas decisiones a una edad tan joven? Imagina las agallas que debió tener para hacer esos cambios.

Recuerde que la adoración era muy importante para la antigua Israel. Esta marcó la historia del pueblo mientras viajaba por el desierto al salir de Egipto y entrar en la tierra prometida. Era un recordatorio constante de que Dios estaba presente en su sociedad y en sus vidas.

Todos los días los israelitas despertaban con el pensamiento de dirigirse al templo. Allí encontraban seguridad. ¿Por qué no? La mano de Dios los había dirigido por el desierto, los había sacado de la esclavitud, los había protegido en numerosas batallas e incluso los había alimentado. El Dios amoroso era parte de quienes eran... o de quienes debían haber sido. Para ellos la adoración surgía de sus rutinas diarias. Las pláticas alrededor de las casas israelitas habrían sonado muy similares a las conversaciones mañaneras de domingo en muchos de nuestros hogares.

—Querida, ¿vas a pasar hoy por la iglesia y...?

—Bien, cuando veas hoy al pastor, dile que...

Los israelitas empezaban su día con pensamientos sobre el templo y sobre el Dios que adoraban allí. El templo era el punto central de su sociedad. Si querías vitalidad, ibas al templo. Si estabas buscando acción, ibas allá. Si te ibas a encontrar con un amigo para tomarte un refresco, le dirías algo como: «Oye, encuéntrame en el muro occidental del templo. De allí salimos». Su impresionante tamaño y su lugar en la historia hicieron del templo el sitio desde el cual se veía la sociedad, la moral, la historia, las relaciones y Dios. Era el monumento más reconocible de los israelitas, casi como un faro para la ciudad.

Todo eso está bien, excepto por una cosa: los israelitas vivían en una sociedad diversa. Con los años habían adoptado muchos aspectos de otras culturas que habitaron su tierra. Nuevos lenguajes. Nuevas maneras de hacer cestas. Nuevos estilos de escritura. Nuevos puntos de vista políticos.

> Escucha la voz de Dios cuando te pida que asumas una posición para Él.
> Sigue a Dios aun cuando esto te lleve a ciertos momentos ridículos.
> Sigue a Dios aun cuando todo el mundo diga que estás loco.
> Nuestros corazones se han llenado de ídolos. Hemos dejado que otros dioses se asienten allí, y hemos permitido que nos gobiernen los deseos y sensaciones que están lejos de ser presentables ante Dios.

Incluso nuevas religiones. Y allí es donde comenzó el problema. Los líderes del templo israelita habían permitido que otras religiones se asentaran en el templo. Había ídolos de otros dioses. Había casetas donde se podían comprar baratijas de otras religiones. Había prostitutas disponibles. Era realmente una mala situación. El lugar que se suponía era la casa de Dios en la tierra estaba tan abarrotado de falsas religiones y creencias, que ya no había lugar para Dios. El templo siguió ese camino por muchos años, pero le tomó a Josías sólo un poco de tiempo ordenar las cosas.

Cuando Josías ordenó el templo, sus acciones fueron las de un hombre sumamente espiritual. Vació y ordenó el templo, y lo convirtió en un lugar donde se podía adorar a Dios. Josías puso sus inquietudes espirituales por encima de cualquier otra inquietud. Lo que hizo fue impresionante.

Pero esto es lo que quiero saber. ¿Qué pasó desde los ocho hasta los veintiséis años que preparó a Josías para hacer algo tan asombroso? ¿Qué sucedió desde la época en que asumió el mando hasta que terminó con los oficios idólatras de los dioses paganos en el templo?

Esto es lo que podemos suponer. Demos una vuelta por la supuesta vida de Josías. Veamos lo que podemos deducir de este niño rey que se enfrentó a todo el intrincado sistema religioso de su época, que incluía el sustento de mercaderes paganos y las creencias de personas engañadas.

Josías aprendió a asumir una posición

Lo que le enseñaron a Josías quienes lo educaron en los caminos del mundo, y de la religión, incluía la enseñanza de que asumir una posición era esencial para alguien que estaba a punto de dirigir una gran nación. Estaba consciente de que a sus veintiséis años no podía darse el lujo de inquietarse ni titubear. Tenía que tomar decisiones. Debía tener una opinión. Tenía que dirigir. No podía preocuparse de lo que pensaran otras personas. Debía encontrar la verdad y permanecer en ella.

Josías aprendió a ser audaz

El rey no era nada si no tenía audacia. Puedes asumir una posición de modo público o privado. Por ejemplo, la decisión de Josías pudo haber sido irse del lado de Dios en su vida privada, pero sin manifestarlo a nadie en público. El deseo de asumir una posición, junto con su audacia, obligaron a Josías a pararse firme para Dios y a hacerlo de tal manera que *todo el mundo* se enterara.

La audacia de Josías envió un mensaje a todas partes. Era un nuevo día en Israel. Las maneras en que se habían estado haciendo las cosas ya no eran opciones. Aquí había un rey que hacía lo correcto de modo tan valiente que no quedaron dudas acerca de su opinión sobre el asunto.

Josías tenía un corazón para Dios

Cualquier cosa que ocurriera con Josías en esos dieciocho años de formación, dio como resultado un corazón sincero para Dios. Eso es importante. Él pudo haber sido audaz para otro dios o para su pasatiempo favorito. En vez de eso, aprendió el valor de tener un corazón para el Dios de Israel.

Piensa en todos los cambios que ocurren en el interior de una persona desde que entra a tercer grado hasta que sale al «verdadero mundo» después de la universidad. Piensa en qué cosas *deben* pasar para que ese graduado del colegio vaya a la universidad con firmes principios morales e integridad, y lo mantenga todo en su sitio. Esto es lo que debió haber pasado con Josías.

Josías asimiló sus convicciones

Una cosa es saber lo que la Biblia dice. Como Josías era un rey que se había relacionado con sacerdotes desde que tenía ocho años, seguramente sabía mucho de las Escrituras. Otra cosa es dejar que la Biblia te cambie totalmente el interior. Josías hizo eso. Escuchó, leyó, creyó y después dejó que esas creencias gobernaran todo lo que pensaba y hacía.

Luego a Josías le presentaron nueva información: un rollo que había estado olvidado en un cajón por años. Debió ser casi como obtener un nuevo mensaje de parte de Dios. Sinceramente hablando, quizás a Josías no le hubiera importado tanto el rollo si no hubiera aprendido a reverenciar la Palabra de Dios. Sin embargo, como ya se había convertido en alguien cuyas creencias influían en él profundamente, no podía pasar por alto el mensaje que Dios le enviaba con claridad acerca de la idolatría en el templo.

Acabas de leer una ecuación matemática. Vuelve a leer estos cuatro puntos. Todos suman espiritualidad radical del mismo modo que dos más dos es igual a cuatro. No puedes obviar esto al leer la vida de Josías. Convicciones profundas. Colaboración con Dios sin temor alguno, que capacitó a Josías para adoptar posiciones que la mayoría de los adultos en su época no podrían tomar.

Espiritualidad radical.

Un concepto que no es fácil definir. Aún más difícil vivir.

Nuestros corazones se han llenado de ídolos. Hemos dejado que otros dioses se asienten allí, y hemos permitido que nos gobiernen los deseos y sensaciones que están lejos de ser presentables ante Dios. Y luego nos metemos en situaciones en las que esperamos representar a Dios, solo para fracasar por completo. Entonces le mostramos el puño al Señor y cuestionamos sus motivos.

Entrenamiento en el camino

¿Te interesa leer sobre otros que influyeron espiritualmente en su mundo? Lee sobre las vidas de Esdras y Nehemías (Nehemías 8).

Espiritualidad radical. ¿Cómo podemos vivirla si no vive en nosotros? La verdad es que no podemos.

¿Quieres vivir como Josías? ¿Quieres espiritualidad radical?

Haz esto: Limpia tu corazón. Quema tus ídolos. Extermina los sacerdotes demoníacos a los que les has dado cabida. Participa del estudio bíblico en tu escuela dominical... aun cuando no sea «muy en onda» asistir. Discrepa suavemente de cualquiera que refute tus creencias cristianas. Limpia tu corazón y haz espacio para

Dios, de tal modo que Él pueda usarte para cambiar la dirección de tu iglesia.

Escucha la voz de Dios cuando te pida que asumas una posición para Él.

Sigue a Dios aun cuando esto te lleve a ciertos momentos ridículos.

Sigue a Dios aun cuando todo el mundo diga que estás loco.

Lo único que a veces necesitas para vivir como Josías es una mirada fresca a lo que Dios quiere de tu vida. Otras veces necesitas un empujón divino que puede venir de un pasaje bíblico que no has visto en mucho tiempo. Saca esa Biblia del estante o del cajón. Deja que Dios te recuerde en qué clase de corazón anhela morar.

Espiritualidad radical.

Sintonízate con la clase de adoración que Dios quiere de ti, luego asume una posición.

APLICACIÓN RADICAL

¿Quieres saber qué considero espiritualidad radical? Lee esto.

Las cosas estaban bien en el norte de Georgia a finales de la década de los setenta. La vida era buena en el pueblito de Toccoa Falls, donde se encontraba una pequeña universidad cristiana en medio de colinas y verdes pastizales. La pequeña universidad no era muy conocida. Nada de fama mundial. Ningún famoso había salido de sus aulas para recibir premios y agradecer a sus profesores por el grandioso trabajo hecho. Simplemente una pequeña y típica universidad cristiana.

Entonces un día Dios metió a esa pequeña y típica universidad en una situación que nadie planificó.

Comenzó a llover.

La lluvia se inició como un gran aguacero pero nadie se preocupó demasiado.

«Condenada lluvia... quisiera que se detuviera».

Seguía lloviendo. Llovió todo el día. Llovió tanto que el pequeño y tranquilo riachuelo que atravesaba el recinto, detrás de los dormitorios de los estudiantes, se convirtió en un río caudaloso. Su profundidad y velocidad lo hacían peligroso, pero si no te acercabas, probablemente no tendrías problemas.

Seguía lloviendo. El pequeño riachuelo, ahora convertido en un río caudaloso, se volvió de pronto una amenazadora masa de H_2O. Crecía y crecía. Entonces, en medio de la noche, llegó hasta el dormitorio de los estudiantes. Estos, que dormían confiados en que el río no los atacaría, fueron arrastrados con furia. Murieron treinta y nueve personas. Las vidas de los sobrevivientes cambiaron para siempre.

¿Qué harías si pasa esto donde vives?

Esto fue lo que sucedió allí. Personas de todos lados respondieron. De manera cariñosa enviaban regalos. Las organizaciones enviaban consejeros, pensando que los estudiantes necesitaban desahogar sus sentimientos. Pero mientras esos consejeros hacían lentamente su obra en el recinto golpeado por la desgracia, otra ola inundó el colegio. Esta no era de agua; era el Espíritu de Dios.

Exactamente después de que la inundación matara a sus amigos, los estudiantes se reunieron a orar. Se consolaban mutuamente. Escribían sus oraciones y las pegaban en los árboles que aun permanecían erguidos en los terrenos universitarios. Cualquier cosa por la que oraban y siempre que lo hacían, lo escribían y lo clavaban en un árbol.

Te puedes imaginar la sorpresa de los consejeros cuando llegaron. Empezaron una búsqueda cuidadosa, decididos a dar lo mejor de sí. Pero (esta es la parte más interesante) no pudieron encontrar a nadie a quién aconsejar. Por el contrario, los consejeros hacían preguntas acerca de los pedazos de papel clavados en los árboles. Las preguntas se volvieron largas discusiones acerca de Dios. Y como resultado de la tragedia y de las oraciones clavadas a los árboles, muchas personas llegaron a Jesús.

¡Pero hubo una tragedia! Sí.

¡Pero murieron treinta y nueve personas! Sí.

Espiritualidad radical. Los estudiantes hicieron causa común para consolarse mutuamente. Asumieron una posición en medio de una tragedia. Proclamaron su fe cuando pudieron haber proclamado su ira. Es cierto que pudieron haber empezado una revuelta contra el instituto por no estar preparado cuando el arroyo se convirtió en un río furioso. Pudieron haber decidido ceder a su desilusión. Pero no lo hicieron.

Los estudiantes clavaron sus oraciones. Nada espectacular, ¿verdad? Ciertamente no era algo imposible de hacer. Cualquiera puede hacer eso, ¿correcto?

Así es. Cualquiera puede hacerlo. Incluyéndote a ti.

Es difícil tomar una posición. Aun más difícil es asumir una posición en medio de una tragedia. Pero no es imposible.

Tú puedes hacerlo.

Dios te está llamando. No importa que tengas ocho o veintiséis años. Él te está pidiendo que evalúes quién está morando en tu corazón. Te está pidiendo que hagas algo radical por Él.

Clava una oración en un árbol.

Quema un ídolo.

Recuerda lo que la Biblia dice acerca de cómo deberías vivir, ya sea que la hayas leído cien veces o no lo hayas hecho nunca.

Hazte prisionero de su espiritualidad. Hazte prisionero de tu capacidad de vivir tu fe bajo la lupa de otros. Las tragedias van y vienen. Los pueblos se inundarán y los templos se llenarán de falsos ídolos. La única manera real de salir a flote es vivir tus creencias de un modo sumamente audaz.

¿Puedes hacer eso? Solo necesitas dar el primer paso y ya estás en camino.

MI VIDA

¿Listo para la espiritualidad radical? ¿Entiendes lo que se necesita? Evalúa tu disposición usando estas preguntas:

→ En tus propias palabras, ¿qué fue tan radical en lo que hizo Josías?

→ Si fueras un sacerdote del tiempo de Josías, ¿cómo habrías reaccionado ante lo que él hizo?

→ Si fueras Josías, ¿cómo habrías manejado sus creencias?

→ ¿Cuál es la mejor manera de vivir hoy día la espiritualidad radical?

→ Si vivimos nuestra espiritualidad frente a otros, ¿cómo podríamos ayudarles a comprender lo que creemos?

- ¿Qué dioses has permitido que se asienten en tu corazón?

- ¿Cómo esos dioses han impedido que vivas tus creencias frente a otros?

- ¿Qué puedes hacer para «limpiar» tu corazón?

- ¿Está Dios pidiéndote que vivas tu fe en una área particular de tu vida? ¿En cuál?

TODA LA VERDAD

La historia de Josías en 2 Reyes 23.1-30

Entonces el rey mandó reunir con él a todos los ancianos de Judá y de Jerusalén. Y subió el rey a la casa de Jehová con todos los varones de Judá, y con todos los moradores de Jerusalén, con los sacerdotes y profetas y con todo el pueblo, desde el más chico hasta el más grande; y leyó, oyéndolo ellos, todas las palabras del libro del pacto que había sido hallado en la casa de Jehová.

Y poniéndose el rey en pie junto a la columna, hizo pacto delante de Jehová, de que irían en pos de Jehová, y guardarían sus mandamientos, sus testimonios y sus estatutos, con todo el corazón y con toda el alma, y que cumplirían las palabras del pacto que estaban escritas en aquel libro. Y todo el pueblo confirmó el pacto. Entonces mandó el rey al sumo sacerdote Hilcías, a los sacerdotes de segundo orden, y a los guardianes de la puerta, que sacasen del templo de Jehová todos los utensilios que habían sido hechos para Baal, para Asera y para todo el ejército de los cielos; y los quemó fuera de Jerusalén en el campo del Cedrón, e hizo llevar las cenizas de ellos a Bet-el. Y quitó a los sacerdotes idólatras que habían puesto los reyes de Judá para que quemasen incienso en los lugares altos en las ciudades de Judá, y en los alrededores de Jerusalén; y asimismo a los que quemaban incienso a Baal, al sol y a la luna, y a los signos del zodíaco, y a todo el ejército de los cielos. Hizo también sacar la imagen de Asera fuera de la casa de Jehová, fuera de Jerusalén, al valle del Cedrón, y la quemó en el valle del Cedrón, y la convirtió en polvo, y echó el polvo sobre los sepulcros de los hijos del pueblo. Además derribó los lugares de prostitución idolátrica que estaban en la casa de Jehová, en los cuales tejían las mujeres tiendas para Asera. E hizo venir todos los sacerdotes de las ciudades de Judá, y profanó los lugares altos donde los sacerdotes quemaban incienso, desde Geba hasta Beerseba; y derribó los altares de las puertas que estaban a la entrada de la puerta de Josué, gobernador de la ciudad, que estaban a la mano izquierda, a la puerta de la ciudad. Pero los sacerdotes de los lugares altos no subían al altar de Jehová en Jerusalén, sino que comían panes sin levadura entre sus hermanos.

Asimismo profanó a Tofet, que está en el valle del hijo de Hinom, para que ninguno pasase su hijo o su hija por fuego a Moloc. Quitó también los caballos que los reyes de Judá habían dedicado al sol a la entrada del templo de Jehová, junto a la cámara de Natán-melec eunuco, el cual tenía a su cargo los ejidos; y quemó al fuego los carros del sol. Derribó además el rey los altares que estaban sobre la azotea de la sala de Acaz, que los reyes de Judá habían hecho, y los altares que había hecho Manasés en los dos atrios de la casa de Jehová; y de allí corrió y arrojó el polvo al arroyo del Cedrón. Asimismo profanó el rey los lugares altos que estaban delante de Jerusalén, a la mano derecha del monte de la destrucción, los cuales Salomón rey de Israel había edificado a Astoret ídolo abominable de los sidonios, a Quemos ídolo abominable de Moab, y a

Milcom ídolo abominable de los hijos de Amón. Y quebró las estatuas, y derribó las imágenes de Asera, y llenó el lugar de ellos de huesos de hombres.

Igualmente el altar que estaba en Bet-el, y el lugar alto que había hecho Jeroboam hijo de Nabat, el que hizo pecar a Israel; aquel altar y el lugar alto destruyó, y lo quemó, y lo hizo polvo, y puso fuego a la imagen de Asera. Y se volvió Josías, y viendo los sepulcros que estaban allí en el monte, envió y sacó los huesos de los sepulcros, y los quemó sobre el altar para contaminarlo, conforme a la palabra de Jehová que había profetizado el varón de Dios, el cual había anunciado esto. Después dijo: ¿Qué monumento es este que veo?

Y los de la ciudad le respondieron: Este es el sepulcro del varón de Dios que vino de Judá, y profetizó estas cosas que tú has hecho sobre el altar de Bet-el.

Verdad radical

Josías fue un rey que se preocupó más de la corrección espiritual que por la corrección política. Obedeció a Dios sin importar el costo de esa obediencia.

Y él dijo: Dejadlo; ninguno mueva sus huesos; y así fueron preservados sus huesos, y los huesos del profeta que había venido de Samaria.

Y todas las casas de los lugares altos que estaban en las ciudades de Samaria, las cuales habían hecho los reyes de Israel para provocar a ira, las quitó también Josías, e hizo de ellas como había hecho en Bet-el. Mató además sobre los altares a todos los sacerdotes de los lugares altos que allí estaban, y quemó sobre ellos huesos de hombres, y volvió a Jerusalén.

Entonces mandó el rey a todo el pueblo, diciendo: Haced la pascua a Jehová vuestro Dios, conforme a lo que está escrito en el libro de este pacto. No había sido hecha tal pascua desde los tiempos en que los jueces gobernaban a Israel, ni en todos los tiempos de los reyes de Israel y de los reyes de Judá. A los dieciocho años del rey Josías fue hecha aquella pascua a Jehová en Jerusalén. Asimismo barrió Josías a los encantadores, adivinos y terafines, y todas las abominaciones que se veían en la tierra de Judá y en Jerusalén, para cumplir las palabras de la ley que estaban escritas en el libro que el sacerdote Hilcías había hallado en la casa de Jehová. No hubo otro rey antes de él, que se convirtiese a Jehová de todo su corazón, de toda su alma y de todas sus fuerzas, conforme a toda la ley de Moisés; ni después de él nació otro igual.

Con todo eso, Jehová no desistió del ardor con que su gran ira se había encendido contra Judá, por todas las provocaciones con que Manasés le había irritado. Y dijo Jehová: También quitaré de mi presencia a Judá, como quité a Israel, y desecharé a esta ciudad que había escogido, a Jerusalén, y a la casa de la cual había yo dicho: Mi nombre estará allí.

Los demás hechos de Josías, y todo lo que hizo, ¿no está todo escrito en el libro de las crónicas de los reyes de Judá? En aquellos días Faraón Necao rey de Egipto subió contra el rey de Asiria al río Éufrates, y salió contra él el rey Josías; pero aquél, así que le vio, lo mató en Meguido. Y sus siervos lo pusieron en un carro, y lo trajeron muerto de Meguido a Jerusalén, y lo sepultaron en su sepulcro. Entonces el pueblo de la tierra tomó a Joacaz hijo de Josías, y lo ungieron y lo pusieron por rey en lugar de su padre.

RADICALES MODERNOS

Quizás no creerías que Mark es sumamente espiritual si solo lo inspeccionas superficialmente. Tiene el cuarto desordenado. No es exactamente el estudiante «perfecto». No luce como el típico líder espiritual (cualquiera que sea).

Sin embargo, cuando Mark estaba a punto de terminar el colegio tuvo una experiencia asombrosa. Comprendió que su caminar con Cristo no iba a ser un *aspecto* de su vida; iba a *ser* su vida. No se conformaría con la espiritualidad heredada de sus padres o prestada de las experiencias de otros. Mark buscó una relación con Jesús que fuera de su propiedad. Y terminó con una espiritualidad que contagia las vidas de los demás.

¿Qué hace «espiritual» a Mark? Primero, su espiritualidad es lo que él es. Mark es el líder del equipo de adoración de su grupo juvenil. El líder de adoración de su iglesia influía en Mark, y cuando el líder dejó la iglesia, Mark comenzó a clamar a Dios, diciendo: «Señor, ¿quién nos dirigirá?» En vez de llamar a alguien de inmediato, Dios le mostró a Mark que Él lo estaba llamando a dirigir en adoración. Esa no era exactamente la respuesta que estaba esperando. Cada semana encontrarás a Mark dirigiendo la adoración para casi ciento veinte miembros de su grupo de jóvenes.

¿Qué tal si...?

¿Qué tal si Josías hubiera dicho: «Vaya, la adoración a ídolos no es del todo mala; dejémosla»? Los israelitas se habrían alejado aun más de Dios y su exilio pudo haber llegado más pronto.

Lo que convierte a Mark en un ejemplo asombroso de espiritualidad radical es la manera en que vive. Esta es su perspectiva. Cuando dirige al grupo de adoración no hace el papel de «súper cristiano». Lo verás en camiseta y sin zapatos. Verás a alguien humilde que está físicamente frente a una audiencia, pero que está espiritualmente humillado ante Dios, dando todo de sí a su Creador. Además, Mark no está tratando de aprender más acerca de Dios o de entrar en contacto con Él. Trabaja diariamente por conocer mejor al Señor. Nunca está quieto y no se siente «realizado» espiritualmente.

¿Qué es la adoración para Mark? Es una expresión de Romanos 12.1: «Así que, hermanos, os ruego por las misericordias de Dios, que presentéis vuestros cuerpos en sacrificio vivo, santo, agradable a Dios, que es vuestro culto racional».

¿Existe un mejor ejemplo de espiritualidad radical? La humildad. Un profundo entendimiento de su lugar ante Dios; sin acercarse a la oportunidad de dirigir la adoración como un rey que se acerca a su trono recién limpiado. Lo hace más bien con una comprensión de que está a punto de llevar a otros a la presencia del Dios santo.

La vida de Mark es un gran ejemplo de espiritualidad radical, que es igual a humildad radical. No es posible ser sumamente espiritual y ponerse uno mismo como ejemplo. Debes luchar para ser como Jesús. Entonces cuando otros resalten tu espiritualidad, señalas hacia Jesús.

En palabras de Mark, espiritualidad es «todo lo que tiene que ver con nuestra comunicación con Dios».

Eso es espiritualidad radical.

8

Ester:

Heroísmo radical

El castillo estaba frío y tranquilo esa noche. ¿Quién pudo haberla visto llegar? ¿Una reina derrocada por su rey? Imagínate los chismes al día siguiente... y al siguiente... y al siguiente. El asunto del poder en el castillo del rey era el tema de conversación en el mercado.

—¿Oíste lo que el rey le hizo a la reina Vasti?

—¿Es cierto que ella se negó a presentarse ante el rey cuando él la mandó a llamar?

—¿La botó del palacio sólo por no asistir a una de sus fiestas de borracheras?

—¿Cuánto tiempo pasará antes que tengamos otra reina?

—Oí decir que habrá un concurso por una nueva reina.

La mayor parte de esto era cierto. El rey *había* invitado a la reina Vasti a presentarse en la fiesta. Ella se *había* negado. El rey la *había* echado del trono con el fin de hacer de su negativa a presentarse un ejemplo para las mujeres de todo el mundo, sobre lo que una reina no debería hacer. Eso dejó un trono vacante, de modo que comenzó el concurso: Se busca una reina.

Llegaron mujeres jóvenes de todo el reino para participar. Cada una de ellas pasó casi un año preparándose. Tomaron clases de maquillaje y de tratamientos de belleza. Probablemente también tomaron clases de elegancia. Fueron educadas y refinadas a fin de que estuvieran listas para la última ronda: una a una con el rey.

Ester era una de las jóvenes concursantes. Eso no era de extrañar. Ella era hermosa. Era virgen. Cumplía con el perfil de las «futuras reinas». Sin embargo, Ester tenía unos cuantos secretos. Su nombre en realidad no era Ester; se llamaba Hadasa. Además, aun cuando estaba en el concurso para ser la reina de Persia, no era persa. Era judía.

Entrenamiento en el camino

¿Te interesa leer sobre otra mujer que se convirtió en heroína cuando siguió a Dios? Lee sobre la vida de Débora (Jueces 4).

¿Qué tan bueno eres en historia? ¿Entiendes la importancia de que Ester fuera judía? Antes que nada, debes comprender que los judíos estaban exiliados en Persia. Eso significa que eran poco menos que prisioneros. Los habían sacado de su nación y los llevaron a vivir en el reino de Asuero. No tenían otra alternativa que estar allí. Eran ciudadanos de segunda clase, y ni siquiera ciudadanos. ¿Entiendes el panorama? Aquí había un concurso para escoger una nueva reina, una de las concursantes ni siquiera era ciudadana persa y nadie en la corte real lo sabía.

Nadie, es decir, excepto su primo Mardoqueo. Este era lo más cercano que Ester tenía de un padre. Él la había criado desde que murieron los padres de ella. Fue quien le habló del concurso. Fue quien le dijo que mantuviera en secreto su nacionalidad. Era quien caminaba todos los días frente a su dormitorio «reina en entrenamiento», esperando descubrir que a la muchacha le estaba yendo bien.

Mardoqueo no necesitaba preocuparse. A Ester le estaba yendo mejor que bien. Ella hizo una importante alianza y se conectó directo a la cima. Ester había hecho amistad con Hegai, supervisor de todas las jóvenes candidatas. En realidad a Hegai le agradaba Ester. La dejó tener tratamientos extras de belleza y escogió siervas para ella. Se aseguró que estuviera lista cuando le llegara su turno de enfrentar al rey.

Todos los esfuerzos de Ester, Mardoqueo y Hegai surtieron efecto. De todas las jóvenes concursantes, la que más le gustó al rey fue Ester. Por tanto le puso una corona en la cabeza y la convirtió en reina. Piensa en ese cambio. Una reina extranjera y ni el rey ni su reino lo sabían.

Ester renunció a mucho para convertirse en reina. Renunció a su virginidad ante un hombre que no conocía ni amaba. Renunció a su nombre. Renunció a su nacionalidad y su identidad como judía. Sin embargo, eso fue solo el principio de todo a lo que renunciaría. Si pensó que entrar al palacio era difícil, mira lo que tuvo que hacer una vez entró en él. Sigue leyendo.

Después de ser reina por un tiempo, su esposo, el rey Asuero, ascendió a Amán a la posición de primer ministro. Amán, quien era muy intolerante, decidió que los judíos eran como una plaga para Persia. Pensó que debían ser exterminados como cualquier plaga. Fue ante el rey Asuero y le habló de un plan para aniquilar a los judíos. Lo creas o no, el rey aprobó la idea y dejó que Amán procediera. (Amán pudo haber sido un gusano humano, pero era un gusano muy convincente.) Amán dictó un decreto que básicamente legalizaba la matanza del pueblo judío.

Los mensajeros llevaron copias del decreto a todos los pueblos y provincias de Persia. Cuando llegaban los decretos a cada pueblo era prácticamente como si se abriera la temporada de caza sobre cualquier persona judía que estuviera allí. Los persas estaban perplejos. Puedes imaginarte cómo reaccionaron los judíos.

De pronto era legal (incluso ordenado) matar a alguien solo por su herencia cultural. Era Hitler antes que existiera una Alemania. Era el apartheid antes que hubiera una Sudáfrica. Era un holocausto en ciernes. Una nación que vivía en tierras del rey Asuero estaba a punto de ser asolada y asesinada.

Es difícil ponerte en los zapatos de los judíos, ¿no es así? ¿Qué pasaría si entraran en tu ciudad soldados marchando y dijeran que tienen que matar en veinticuatro horas a todos los que tuvieran tu apellido? ¿Cuál sería tu estrategia para sobrevivir?

Se puede notar la intriga en toda la situación. Sentada en el trono real de la nación estaba una de las personas cuyas muertes se habían ordenado. Ester tenía un problema entre manos. Sin saberlo, su esposo había encargado que la mataran. Si mantenía la boca cerrada, ¿la descubrirían? Si hablaba, ¿haría alguna diferencia? Después de todo, su esposo era un rey que expulsó a la última reina solo porque no quiso ir a una fiesta a la que se le ordenó ir. ¿Qué haría con una reina cuyo pueblo estaba en afiches como «grupo buscado» en todas las oficinas de correo del país?

Amán empezó a construir una horca para colgar a los judíos. Mardoqueo y Ester empezaron a transmitirse mensajes de ida y vuelta.

—Ayúdanos, por favor —escribía Mardoqueo.

—Me podrían matar —replicaba Ester.

—De todas maneras todos moriremos. Tu corona no te protegerá por siempre —le recordaba Mardoqueo.

Entonces Mardoqueo dijo algo que convenció de actuar a Ester:

—¡Quién sabe si has llegado al reino para un momento como este!

Mardoqueo tenía razón. Podría parecer como si Ester solo hubiera ganado un concurso de belleza, pero quizás Dios estaba poniendo la persona adecuada, en el lugar adecuado y en el momento adecuado. Lo único que ella necesitaba era valor para averiguarlo.

—Ora por mí —pidió Ester—. Iré ante el rey, aun cuando es ilegal que entre sin invitación. Que suceda lo que ha de suceder.

¿No sería ese un lugar difícil para estar? Detesto esto. Si hablas con el rey, te podrían matar. Pero si no lo haces, tu familia y tus amigos serán asesinados por este individuo que el rey ha puesto a cargo. No es una decisión fácil, ¿ah?

Ester hizo algo asombroso. Se arriesgó a hablar con su esposo. Le dijo exactamente quién era y cuál era su herencia. Este debió ser un momento de tensión. Imagínate, Ester está de pie ante su esposo, quien había firmado el decreto sin tener idea quién era en realidad su esposa. Fácilmente pudo haber sido una mujer muerta.

Instantáneas

¿Quiere saber más sobre Ester? Lee Ester 1–2.

El rey tenía muchas opciones ante sí. Pudo haberla matado justo en ese momento. La pudo haber ignorado por completo. La pudo haber perdonado pero permitiendo que mataran a su pueblo. Pero al final, la escuchó y actuó según la petición de ella. En vez de ordenar la destrucción de los judíos, ordenó la muerte de Amán. Es más, colgaron a Amán de la misma horca que estaba construyendo para los judíos. ¡Qué ironía!

¿Quieres una historia de aventura y acción que te mantenga pasando las páginas hasta que termines? Busca una Biblia y lee todo el libro de Ester. Habla de intriga, de riesgo y de las aventuras de una heroína.

Me encanta el valor de Ester. ¿Qué habrías hecho de encontrarte en el lugar en que estaba ella? ¿Hubieras permitido que tu familia y tus amigos murieran solo por salvar tu pellejo? ¿Habrías mantenido la boca cerrada? ¿Habrías esperado hasta que el rey estuviera de buen humor? Lo realmente espectacular es que Ester hizo lo que debía hacer. Se arriesgó. Enfrentó al hombre. Salvó a su pueblo.

Los héroes son así. Toman decisiones que cambian vidas, alteran el futuro y arriesgan la seguridad, para que otros puedan vivir más, mejor y con mayor seguridad. Se ponen en peligro para que otros puedan vivir.

Hablamos mucho de *héroes*, ¿no es cierto? Admiramos a un atleta que logra meter una pelota por un aro o a un actor que pretende saltar de un edificio elevado. Asociamos nuestra adoración con personas que pueden ganar o superar a los mejores actores.

Sin embargo, ¿te has puesto a pensar quién es realmente un héroe? Estas son mis ideas:

Un héroe está dispuesto a arriesgarlo todo

Definitivamente me gustan las películas de acción. Las alquilo siempre que puedo. Me gustan los efectos, los escenarios sensacionales y las explosiones. ¡Las explosiones son lo máximo! Una cosa es segura: Hollywood tiene bien definido un aspecto del heroísmo. El héroe, quienquiera que sea, arriesga todo para salvar a alguien.

Ester no colgaba de un helicóptero a trescientos metros de la tierra. Sin embargo, arriesgó la vida. Se arriesgó por completo. No dejó de pensar en su seguridad. Le habló al rey de ella y le dejó decidir qué haría. No lo hizo por ganar algo... sino por la seguridad de su pueblo. Su heroísmo está enormemente marcado por el hecho de que no le importó lo que le pasaría a ella, pero sí le importó mucho lo que le sucedería a su gente.

Un héroe actúa por amor

¿Por qué actuó Ester? ¿Por qué se puso en la línea? Porque amaba a su pueblo. La indiferencia de parte de ella le habría dado a esta historia un final distinto. Pero su amor por su pueblo no se lo habría permitido.

Heroísmo radical. Amar a las personas como deben amarse. Amar con todo el ser.

Eso es ser una heroína. ¿Crees que se necesita más para ser un héroe? Tal vez ser capaz de comer acero o de caminar un kilómetro parado sobre sus manos.

> No puedes pasar por alto esto en la vida de Ester: Ella conocía a Dios. Se pegó a Él. Allí es donde encontró su esperanza. De allí vino su fortaleza.

Si sigues la vida de Ester tendrás una imagen completamente distinta del heroísmo. Ser un héroe está más relacionado con quién eres que con qué haces. Se trata más de vivir que de actuar en el reino de lo fantástico. Se trata más de rendir tu vida por los amigos, que tratar de hacerte de un nombre.

¿Eres un héroe? Bien. ¿Por las razones correctas? Mejor aún.

Ester fue una heroína radical. Esto fluía de quién era. Su disposición de morir y su amor por sus amigos marcaron su lugar en la eternidad.

¿Y el tuyo?

Pon tu cabeza en el picador. Arriésgate. Protege a alguien o algo. Sé un héroe.

APLICACIÓN RADICAL

Todos queremos a un héroe, ¿verdad? ¿Quieres uno? Vaya, no me digas que no. Cada año las industrias de la música, los deportes y el entretenimiento ganan montones de dinero por nuestra necesidad de tener un héroe.

Digo esto arriesgándome a espiritualizar demasiado un asunto importante. Jesús es nuestro héroe máximo. Él es quien nos ama, quien cuida de nuestros intereses, quien añora nuestra seguridad, e incluso quien se puso en la línea de fuego por nosotros. Si estás en busca de un héroe, debes volverte primero a Jesús.

Algunos de nosotros queremos encontrar a alguien que sea nuestro héroe: un recordatorio y maestro tangible, alguien a quién mirar. Otros queremos ser héroes. Nos gusta lo que hizo Ester y queremos *ser* así.

¿Dónde te ubicas? He aquí algunos puntos para ambos lados.

Si quieres ser un héroe, no siempre es fácil. Recuerda, no hay nadie como Jesús. Si necesitas a Alguien que te cautive, que te ame incondicionalmente y que haga una asombrosa cantidad de milagros en ti y a través de ti, entonces Jesucristo, Dios mismo, es el único que reúne las condiciones. Pero si conoces a Jesús y estás buscando una persona viva y real a quien puedas mirar y de quien puedas aprender, intenta esto:

Busca a alguien que haga lo que dice

Mis héroes han cambiado con el paso del tiempo. Cuando era más joven, mi padre era mi héroe. Él me enseñó a montar en bicicleta, a remodelar una casa y a cuidar mi dinero. Por un tiempo mi heroína fue mi madre, quien me enseñó a cocinar y me enseñó el valor de sacarle ventaja a la vida cuando todo parecía salir mal. Cuando estaba en la escuela secundaria tenía dos de los más grandiosos pastores de jóvenes del mundo y ellos fueron mis héroes por mucho tiempo. Todos mis héroes fueron personas que hacían lo que decían que iban a hacer. No decían una cosa para después hacer otra.

Busca a alguien que sepa quién es y de qué habla

Mi esposa es mi heroína humana favorita. Ella tiene una poderosa fuerza interior que me asombra. Está en movimiento desde el instante en que se levanta en la mañana. Y cuando yo salto de la cama, ella ya ha alimentado y vestido a los chicos, se ha dado una ducha, luce espectacular (lo que es fácil para ella), y me ha gritado cinco veces para que me levante. Es muy creativa pero nunca alardea de eso. Es una escritora excelente pero está más dispuesta a darme tiempo para que yo escriba en vez de tomar tiempo para escribir ella. En un solo día ella es una administradora de grandes ligas, una perfecta mamá, una lectora de libros para niños, una experta cocinera, una galardonada diseñadora de interiores y una esposa extraordinaria. Ella sabe quién es. Conoce sus límites. Me asombro constantemente por la manera tan calmada con la que reorganiza sus muchas obligaciones. No se deja llevar por las dudas. No pide a otras personas que la hagan sentir bien de sí misma. No necesita la aprobación de nadie porque sabe que tiene la aprobación de Dios. Eso es ser una heroína. Y ese es mi tipo de héroe: alguien que hace más agradable el mundo imposible en que vivimos.

Verdad radical

Ester hizo a un lado su seguridad personal con el fin de ser parte de la salvación de su pueblo. Es más, arriesgó su vida por el bien de su gente.

Busca a alguien que se arriesgue

No estoy diciendo que busques a alguien que sea peligroso, sino a alguien que pueda vivir más allá del *status quo,* el aburrimiento y las expectativas diarias. Alguien que no tenga miedo de seguir a Dios, aun cuando al hacerlo se meta en situaciones difíciles. Esto fue lo que le pasó a Ester. Estuvo dispuesta a ponerse en peligro debido a lo que creía de Dios. Si estás buscando un héroe, busca a alguien que crea que vale la pena el riesgo por seguir a Dios.

Por otra parte, ¿quieres tú ser un héroe? No hay nada malo en admitirlo. Necesitamos héroes en nuestro mundo y tú puedes tener exactamente la talla adecuada para que te sigan. Si es así, recuerda esto:

Vive para Dios

No puedes ignorar esto en la vida de Ester. Ella conocía a Dios. Se conectó personalmente a Él. Allí fue donde encontró su esperanza. De allí le llegó su fortaleza. Ser un héroe de la vida real en el tiempo correcto exige rendirse. Requiere dejar todo lo que es importante, dárselo a Dios y dejar que Él te controle.

¿Se te hace esto fácil? A mí no. Soy un tipo controlador. No soporto que las cosas se salgan de control en mi vida. Tengo que saber lo que está pasando todo el tiempo. Tengo que vivir según la agenda. Entregar a Dios mis cosas y dejar que Él esté en control son para mí cosas difíciles pero necesarias. Si ser un héroe es importante, debes dar este paso.

Ama a las personas

Amar como un héroe significa que deberás amar como la mayoría de la gente no lo hace. Tendrás que amar a la gente sin que nada importe. Tendrás que amar aun cuando malinterpreten tu amor y a veces no te quieran. Tendrás que tratar con personas que no llegan a donde tú intentas llegar. Tendrás que estar dispuesto a dejar atrás las faltas de los demás, así como el mal que te han hecho, y amarlos de todos modos.

Amar de manera heroica a las personas no significa acecharlas o dominarlas, o que no tengas tus propias necesidades. Significa que siempre consideras a quienes Dios pone en tu vida. ¿Puedes hacer esto?

Arriésgate

Lleva tu relación con Dios al último extremo.

¿Cómo? Intenta vivir sobre el nivel de la mediocridad cristiana y establece un ejemplo de valor con testimonio, compasión y amor verdaderos. Rehúsate a que tu rutina sea solo asistir a la iglesia, cantar y después del culto ir a comer al buffet más barato de la ciudad. Considera amar a alguien que no amaría ningún otro cristiano que conozcas. Expresa tu opinión sobre un tema en que crees y del que Dios te habla claramente. Toma algunos de tus ahorros y compra alimentos para los desamparados en lugares donde acostumbras comer.

No estoy diciendo que hagas algo que te ponga en peligro. Solo estoy pidiéndote que pienses en hacer algo que nunca harías. No lo hagas por ser piadoso o por querer mostrar tu espiritualidad. Hazlo simplemente para influir en la vida de los demás, para dar un ejemplo y para ser un héroe visible con quien otros puedan caminar en la vida.

No es fácil arriesgarte con tus creencias. Pero es esencial si tienes los ojos puestos en ser un héroe. Ester lo hizo. ¿Lo puedes hacer tú?

De esto se trata el heroísmo. Necesitas tener uno y tienes que ser uno.

Ahora sí que esto se puso difícil. Tener un héroe. Ser un héroe. ¿Demasiado?

Espero que no.

No te sientas presionado a ser Ester. No te desilusiones si intentar ser un héroe te vuelve un poco loco. Ester no trató de tomar por asalto el palacio del rey y cambiar los decretos estampados con el sello oficial. Tampoco vagó por los alrededores esperando una oportunidad de ser la heroína de un pueblo. Simplemente vivió su vida, escuchó a su familia, confió en Dios, y enfrentó las oportunidades cuando estas se presentaron.

¿Quieres ser un héroe? ¿En serio?

Vive tu vida, confía en Dios y aprovecha las oportunidades.

MI VIDA

Toma un momento para pensar en el concepto del heroísmo radical. Estas preguntas te ayudarán a aplicar lo que acabas de leer.

→ ¿Qué habrías hecho diferente a Ester?

→ ¿Qué crees que fue lo más impresionante que vivió Ester?

→ ¿Crees que Ester pudo haber hecho algo más?

→ ¿Has enfrentado algún desafío como el que enfrentó Ester?

→ ¿Cómo vivió Ester su papel de heroína?

- ¿Por qué fueron muy importantes sus acciones?
- ¿Qué clase de héroe o heroína estás buscando?
- ¿Qué cualidades de tu vida se parecen a las de Ester?
- ¿Qué partes de tu vida se parecen menos a las de Ester?
- ¿Puedes pensar en alguien para quien te gustaría ser un héroe?

TODA LA VERDAD

La historia de Ester en Ester 4.1—5.3

Luego que supo Mardoqueo todo lo que se había hecho, rasgó sus vestidos, se vistió de cilicio y de ceniza, y se fue por la ciudad clamando con grande y amargo clamor. Y vino hasta delante de la puerta del rey; pues no era lícito pasar adentro de la puerta del rey con vestido de cilicio. Y en cada provincia y lugar donde el mandamiento del rey y su decreto llegaba, tenían los judíos gran luto, ayuno, lloro y lamentación; cilicio y ceniza era la cama de muchos.

Y vinieron las doncellas de Ester, y sus eunucos, y se lo dijeron. Entonces la reina tuvo gran dolor, y envió vestidos para hacer vestir a Mardoqueo, y hacerle quitar el cilicio; mas él no los aceptó. Entonces Ester llamó a Hatac, uno de los eunucos del rey, que él había puesto al servicio de ella, y lo mandó a Mardoqueo, con orden de saber qué sucedía, y por qué estaba así. Salió, pues, Hatac a ver a Mardoqueo, a la plaza de la ciudad, que es-

taba delante de la puerta del rey. Y Mardoqueo le declaró todo lo que le había acontecido, y le dio noticia de la plata que Amán había dicho que pesaría para los tesoros del rey a cambio de la destrucción de los judíos. Le dio también la copia del decreto que había sido dado en Susa para que fuesen destruidos, a fin de que la mostrase a Ester y se lo declarase, y le encargara que fuese ante el rey a suplicarle y a interceder delante de él por su pueblo. Vino Hatac y contó a Ester las palabras de Mardoqueo.

Entonces Ester dijo a Hatac que le dijese a Mardoqueo: Todos los siervos del rey, y el pueblo de las provincias del rey, saben que cualquier hombre o mujer que entra en el patio interior para ver al rey, sin ser llamado, una sola ley hay respecto a él: ha de morir; salvo aquel a quien el rey extendiere el cetro de oro, el cual vivirá; y yo no he sido llamada para ver al rey estos treinta días. Y dijeron a Mardoqueo las palabras de Ester.

Entonces dijo Mardoqueo que respondiesen a Ester: No pienses que escaparás en la casa del rey más que cualquier otro judío. Porque si callas absolutamente en este tiempo, respiro y liberación vendrá de alguna otra parte para los judíos; mas tú y la casa de tu padre pereceréis. ¿Y quién sabe si para esta hora has llegado al reino?

Y Ester dijo que respondiesen a Mardoqueo: Ve y reúne a todos los judíos que se hallan en Susa, y ayunad por mí, y no comáis ni bebáis en tres días, noche y día; yo también con mis doncellas ayunaré igualmente, y entonces entraré a ver al rey, aunque no sea conforme a la ley; y si perezco, que perezca.

Entonces Mardoqueo fue, e hizo conforme a todo lo que le mandó Ester.

Aconteció que al tercer día se vistió Ester su vestido real, y entró en el patio interior de la casa del rey, enfrente del aposento del rey; y estaba el rey sentado en su trono en el aposento real, enfrente de la puerta del aposento. Y cuando vio a la reina Ester que estaba en el patio, ella obtu-

vo gracia ante sus ojos; y el rey extendió a Ester el cetro de oro que tenía en la mano. Entonces vino Ester y tocó la punta del cetro.

Dijo el rey: ¿Qué tienes, reina Ester, y cuál es tu petición? Hasta la mitad del reino se te dará.

RADICALES MODERNOS

A menudo el heroísmo viene en paquetes que nos asombran. Justamente cuando tienes a alguien medido, puedes descubrir que tiene algo inesperado. Así es Nicole. Si la conoces, pensarás que tienes de frente a un cierto tipo de persona. Ella tiene que usar silla de ruedas. Se le dificulta llevar una vida «normal». Es débil.

Pero esa no es Nicole.

Nicole mide un metro veinte de estatura. Y es la chica más dulce que hayas visto. Imagínatela cubierta de amor. A ella le interesa lo que te ocurre. Siempre está dispuesta a intentar algo nuevo, así tenga que deshacerse de la silla de ruedas para hacerlo. Todo el tiempo desea ayudar. Su amor podría derretirte el corazón.

Nicole empieza su día con un heroísmo que inspiraría al más fuerte de nosotros. Cuando atraviesa las puertas de su colegio ya ha derrotado muchos gigantes: levantarse, tomar una ducha, vestirse y llegar al colegio.

Colosal. Esa es Nicole. No es tanto *que* haya conquistado los enormes gigantes que nos frustrarían si estuviéramos en su lugar. Es la *manera* en que los conquista. Hay confianza en su estructura de un metro veinte centímetros, confianza que la mayoría de adultos añoramos tener. Hay una seguridad en sí misma que para conseguirla rogarían, pedirían o robarían la mayoría de estadounidenses. Lo asombroso es que Nicole nunca se queja. Enfrenta retos abrumadores sin llorar. Eso hace su heroísmo aun más obvio.

Siempre alaba a Dios, sin odiarlo por lo que Él ha permitido en su vida.

Ester tuvo que tomar la decisión de arriesgarse. Si no hubiera

¿Qué tal si...?

Ester tuvo que tomar la decisión de arriesgarse. Si no hubiera tomado ese riesgo, todo su pueblo habría sido destruido; ella quizás pudo haber sido la única judía que quedara en la nación. Era la única que podía hacer algo para detener la matanza.

tomado ese riesgo, todo su pueblo habría sido destruido; ella quizás pudo haber sido la única judía que quedara en la nación. Era la única que podía hacer algo para detener la matanza.

Heroísmo. Es la disposición de actuar a pesar del peligro, miedo o dificultad. ¿Sabes que esta jovencita los ha enfrentado todos? Imagina a Nicole la primera vez que se levantó por sí misma de la cama. Imagina su primer viaje sola en una silla de ruedas. No es posible pintar un mejor retrato del heroísmo.

Nicole no puede pararse, pero se yergue en alto; no debido a que haya encontrado una cura para el cáncer ni porque resolviera el problema del hambre en el mundo, sino porque todos los días conquista con valentía gigantes que la mayoría de nosotros vemos como enanos. Ella lo hace con una sonrisa, con gracia y con amor hacia Dios.

Eso es heroísmo radical.

9

Gedeón:

Obediencia radical

¿Detestas las interrupciones? Yo sí. Nunca fallan. Estoy haciendo algo grande, realmente grandioso, y suena el teléfono o alguien toca a la puerta. Mi tren de pensamientos se arruina. Si alguna vez te han interrumpido, entonces sabes de qué estoy hablando.

¿Te ha interrumpido Dios alguna vez? ¿Ha entrado el Señor alguna vez en tu vida y te ha pedido que hagas algo para lo que no estás nada preparado?

Hasta las interrupciones más sagradas a veces son difíciles. Cualquier cosa que estemos haciendo, usamos el tiempo en asuntos que creemos importantes. Hemos puesto las cosas en agenda. Hemos planificado. Intentamos hacer lo que *sabemos* que Dios nos ha pedido hacer, y entonces sucede. Siempre que Dios abre nuestros corazones o nuestras mentes, entra e interrumpe por completo lo que estamos haciendo. Para empeorar el asunto, sus pedidos generalmente no son fáciles ni casuales.

Entrégate más.

Habla acerca de mí con alguien que no conoces.

Pasa más tiempo en mi Palabra.

Cualquiera que sea el pedido, Dios generalmente pide más de nosotros de lo que creemos poder manejar. Casi siempre nos saca de nuestra zona de comodidad.

Dios interrumpió un día a Gedeón cuando estaba sacudiendo trigo en el lagar familiar. Tal vez este era un trabajo reservado para el más joven, el más pequeño y el más fácil de mandar.

¡Zas!

—Papá dice que si lo hacemos de este modo los apestosos madianitas no lo notarán y conservaremos nuestro trigo.

¡Zas!

—Estoy hastiado de esos madianitas. Están arruinando todo. Un momento de paz y ya los tenemos detrás otra vez.

¡Zas!

—Este trigo es demasiado para este lagar. También estoy hastiado de hacer esto.

Imagino que Gedeón estaba trabajando duro. Sacudir el trigo en el lagar era algo que quería terminar pronto. Puedo imaginármelo. Quizás estaba sudando. Gedeón... trabajando duro. Encargándose con cuidado de sus tareas. No esperaba una interrupción, mucho menos una interrupción divina. No estaba preparado para encontrarse con el Creador.

Dios intervino con una nueva agenda.

«Jehová está contigo, varón esforzado y valiente» (Jueces 6.12).

¿Sabes qué habría dicho si fuera Gedeón? «¿Varón valiente? ¿Te refieres a mí? Soy pequeño, estoy sudado y estoy trabajando aquí en este montón de trigo. Creo que me has confundido con otra persona. Déjame enseñarte mi identificación. Arreglemos esto de una vez para que vayas a interrumpir la vida de alguien más».

Dios continuó: «Ve con esta tu fuerza, y salvarás a Israel de la mano de los madianitas» (v. 14).

¿Cómo crees que respondió Gedeón? «Mi familia es pobre en Manasés, y yo el menor en la casa de mi padre» (v. 15). Bueno, eso ya es algo de confianza, ¿verdad?

Entonces Dios pronunció las palabras decisivas: «Ciertamente yo estaré contigo» (v. 16).

Ni siquiera Gedeón podía discutir con eso. Si el Dios todopoderoso estaba con él, ¿a quién le importaría lo enclenque que era? Si el Señor estaba con él, entonces ninguna de las excusas corrientes funcionaría. «No puedo» o «no podré» no funcionarían muy bien en la realidad de la presencia de Dios.

Quién, qué, dónde, cuándo

Gedeón era hijo de un hombre llamado Joás. Vivía en Ofra. No sabemos mucho de su niñez, pero sí sabemos que cuando creció tuvo setenta hijos.

Gedeón sólo tenía una duda más: «¿Eres realmente tú?», preguntó. Este es un chico que quería estar seguro. Y este es un Dios que estaba dispuesto a reafirmarlo todo. El Señor hizo un milagro de espontánea combustión con un sacrificio que preparó Gedeón, y entonces supo que había estado hablando con Dios.

Esto pararía a cualquiera en seco. Aquí está el Creador del universo prometiendo a Gedeón su presencia y haciendo milagros para probarlo. Este es el Señor enviando un mensaje a Gedeón. Él también nos está enviando un mensaje. Él estará con nosotros. Su llamado es seguro, y su aliento y presencia prometen éxito. Sin temor del llamado. Sin temor del enemigo. Simple confianza.

Estas cosas ocurrieron en un lagar. Un día de trabajo común y corriente para Gedeón, fue interrumpido por un Dios extraordinario. El Señor hace eso, ¿verdad? Él toma un día que es ordinario para nosotros, le agrega su presencia y *bingo*, ¡nos cambia para siempre!

El llamado de Dios asustó a Gedeón. Una cosa es que el Señor interrumpa tu vida un día de trabajo. Y otra muy diferente que estire tu fe hasta el punto del quebranto. No estoy diciendo que te quejes por la manera en que Dios hace las cosas. Pero si lees sobre la vida de Gedeón (el pasaje incluido más adelante: Jueces 7.1-22), quizás te dé la sensación de que Gedeón tenía sus dudas. He aquí el porqué:

> Gedeón era el menor de la casa de su padre.
>
> Su tribu era la más pequeña de Israel.
>
> Sus enemigos, los madianitas, eran muchos y fuertes.
>
> Lo único que podía reunir era un ejército desigual e informal.
>
> Su ejército usaba armas obsoletas e inferiores.

¿Comprendes las dudas de Gedeón? Espera. Hay algo más que pasé por alto.

Gedeón llevó su ejército a la fuente de Harod, que estaba cerca del campamento madianita. Dios habló de nuevo. Le dijo al israelita que su ejército era demasiado grande. Gedeón pidió a los que tenían miedo que se fueran. Irse es lo que saben hacer muy bien los soldados miedosos, y eso fue exactamente lo que hicieron. Esto redujo el ejército de Gedeón a sólo diez mil soldados.

Matemática sencilla. Diez mil israelitas. Ciento treinta y cinco mil madianitas. ¿Quién crees que ganaría? Entonces el Señor dio un paso más adelante. Le dijo a Gedeón que el ejército seguía siendo muy grande. Gedeón llevó a los hombres al agua (como Dios le instruyó) e invitó a quedarse a quienes bebieran usando las manos. Los que metían el rostro en el agua para beber (lo que significaba que el enemigo podía atacarles por detrás) se les pidió que se fueran. ¿Cuántos quedaron?

Trescientos. Simple matemática otra vez. Trescientos en el ejército israelita. Ciento treinta y cinco mil en el madianita. Gedeón se quedó boquiabierto. Había recibido el llamado en un lagar. Era el líder de un ejército de trescientos hombres. Enfrentaba un ejército enemigo enorme y hostil. Él era el más pequeño e insignificante. Pero era quien tenía el llamado.

Entrenamiento en el camino

¿Te interesa leer sobre alguien más que obedeció a Dios al máximo? Lee la vida de Jesús (Mateo 4.1-11).

¿Qué hubieras hecho si fueras Gedeón? ¿Hubieras huido? Muchos lo habrían hecho. Dios expuso el cuello de Gedeón y levantó un hacha por encima de su cabeza. Parecía una pelea que Gedeón perdería, ¿verdad? Después de todo, los madianitas eran guerreros feroces e implacables. Seguramente capturarían primero a Gedeón y lo pondrían como ejemplo. Gritarían: «¡No se metan con los madianitas!», mientras lo azotaban, lo levantaban en vilo y lo lanzaban contra las espadas de los feroces guerreros. Qué manera de morir. Humillante. Horripilante. Derrotado.

Así se podría suponer que saldrían las cosas... con una excepción. Dios dijo en el lagar: «Ciertamente yo estaré contigo». Si el Señor estaba allí, ¿importaba realmente el tamaño del ejército madianita? De modo que Gedeón obedeció. Dirigió su pequeño ejército a los alrededores del campamento madianita y esperó.

Dios le dio a Gedeón el plan de batalla en un sueño. En realidad una idea sencilla. Los israelitas debían llevar cántaros y romperlos todos al mismo tiempo. Debían levantar sus antorchas encendidas y tocar las trompetas. Debían gritar. Los madianitas, pensando que el enemigo estaba en su campamento, se volverían unos contra otros. Matarían a quien se cruzara en su camino. ¿Locura? Funcionó y Gedeón venció.

Sin embargo, para Gedeón la batalla no era tan importante como el llamado. Para él la mayor parte de la tarea se cumplió cuando se rindió a Dios y lo obedeció. Sí, tenía que dirigir un ejército de trescientos hombres para vencer a los madianitas. Pero cuando piensas en esto, la batalla era la parte fácil. Obedecer. Eso era lo más difícil.

Para Gedeón la mayor parte de la tarea se cumplió cuando se rindió a Dios y lo obedeció. Sí, tenía que dirigir un ejército de trescientos hombres para vencer a los madianitas. Pero cuando piensas en esto, la batalla era la parte fácil. Obedecer. Eso era lo más difícil.

No pierdas de perspectiva la importancia de la batalla en sí. Dios llamó a Gedeón a hacer algo asombroso. Le dio el menos favorable de todos los escenarios posibles para vencer a los madianitas. Un ejército sin importancia comandado por un líder insignificante. Entonces Dios (*realmente* me gusta esta parte) hizo lo que mejor sabe hacer. Completó el llamado con una estrategia creativa y ganadora.

Dios probó que cuando Él llama también nos provee un medio para triunfar. ¿Has oído alguna vez al Señor llamándote en tu lagar, en tu trabajo, en la escuela o tarde en la noche por medio de un sueño? Estás seguro de haber oído a Dios. Pero, ¿era tan extraña la tarea del llamado que pensaste que fue un sueño inquietante o algo ocasionado por la pizza que te comiste justo antes de acostarte?

¿Qué hiciste con el llamado? ¿Lo dejaste pasar? ¿Lo desechaste? ¿Lo oíste y dijiste: «Soy el menor» o «no califico»?

Eso fue lo que dijo Gedeón. Pero entonces ¿qué hizo Dios? Cumplió su promesa. Hizo ganadores a Gedeón y su pequeña banda de guerreros sin destrezas. Vencieron en las manos de Dios con los planes de Él, y lo único que tuvieron que hacer fue decir sí al Señor.

La vida de Gedeón cambió con todo lo sucedido. En resumidas cuentas, ¿qué fue exactamente lo que cambió la vida de Gedeón? ¿Qué sucedió?

El Señor habló.

Así es. Sencillo. ¿Verdad? Dios habló y Gedeón aceptó el llamado con una entrega temeraria. Seguro que él cuestionó el llamado (¿acaso no lo harías tú?). Pidió confirmación. Aceptó las palabras de Dios.

«Anda».

Gedeón fue.

«Estaré contigo».

Gedeón se sacudió el sudor de la frente y fue.

Esto es obediencia. Trata de hacerte una imagen de la obediencia y nunca se acercará a la belleza que conoció Gedeón. Defínela y no tendrás una mejor comprensión de la que él tuvo. Gedeón es nuestro caso de estudio pues respondió cuando Dios se le apareció en medio del trabajo y le dio una nueva dirección a su vida.

Permite que Dios te interrumpa.

Confía en lo que Dios te ha llamado a hacer.

Sé obediente.

APLICACIÓN RADICAL

Obediente. Tus padres seguramente han usado esta palabra para describirte en algún momento. Tengo dos hijos pequeños y he usado *mucho* esta palabra con ellos. Estamos acostumbrados a ella, pero es totalmente distinta en el caso de Gedeón.

«Si obedeces, te doy postre».

«Si desobedeces, te castigaré».

Pero así no fue exactamente como funcionó con Gedeón. Dios no le ofreció un descanso. Tampoco le colgó sobre la cabeza la amenaza de un castigo. Obedecer a Dios no tiene que ver con evitar su ira. Más bien es lo contrario.

Para nosotros también es verdad lo contrario. Dios añora ofrecerse a nosotros. Desea que lo veamos obrando en nosotros, por medio de nosotros y para nosotros. Pero cuando desobedecemos y preferimos no seguirlo, nosotros perdemos. Nos castigamos. Nos perdemos una parte esencial de nuestra relación con Él. Sencillamente dejamos de ver un poco más de Él.

Dios no pone ante nuestros ojos un auto, un postre o un descanso y dice: «¡Obedéceme o verás!» En vez de eso nos ofrece interrupciones divinas. Nos invade con oportunidades increíbles de verlo en acción.

Pues bien, hay ocasiones en que desobedecemos las leyes de Dios y como resultado recibimos castigo por nuestro pecado. Pero eso no fue lo que Gedeón enfrentó en su vida. No enfrentó la oportunidad de romper o guardar una de las leyes divinas. Se enfrentó a la oportunidad de ver a Dios en acción.

Permíteme darte unos cuantos consejos. ¿Quieres un análisis de lo que hizo Gedeón? Aquí va...

Gedeón no dejó que su situación le impidiera obedecer a Dios

El Señor llamó a Gedeón a hacer algo asombroso y él no permitió que su tamaño cambiara su determinación de obedecer a Dios. Los madianitas eran muchos (¡además de gigantes y perversos!) La queja inicial de Gedeón era que él en realidad era insignificante. No obstante, Dios lo engrandeció.

Nota el pequeño cambio que ocurrió con la obediencia de Gedeón. Antes era un muchacho insignificante, experto en el lagar y limpiador de trigo. Después se convirtió en guerrero, conquistador y vencedor de los madianitas.

Dios hace cosas asombrosas con nuestra disposición.

Gedeón creía en Dios

Las palabras proféticas de Dios a Gedeón: «Yo estaré contigo» pudieron haber caído en oídos sordos. Gedeón pudo haber decidido hacer caso omiso al Señor. No lo hizo. Ahora, detente y pregunta: «¿Cómo sucedió? ¿Por qué Gedeón no rechazó lo que estaba oyendo? ¿Por qué decidió creer que el Creador estaba hablándole?»

Por dos razones.

Primera, la voz de Dios era inconfundible. ¿Has oído alguna vez hablar a Dios? Él habla claramente. Su voz es inconfundible. Es aun más clara que su llamado. Generalmente sabes cuándo habla Dios. Gedeón lo sabía.

Segunda, Gedeón pidió a Dios confirmación y Él se la dio. Movidas fantásticas.

Gedeón actuó

La base de la obediencia de Gedeón no era lo que sabía acerca de Dios. Eso fue sólo información útil. Él sabía quién era Dios.

Pero eso no lo hizo obediente. Gedeón se volvió obediente cuando actuó.

¿Pasa esto contigo? ¿Tienes mucha información sobre Dios? ¿Has estado en la iglesia toda tu vida? ¿Estás «armado hasta los dientes» acerca de Dios? ¿Acuden a ti tus amigos en busca de información sobre Dios y sus leyes? La información sin acción no es suficiente. Vemos mejor a Dios cuando hacemos lo que nos pide.

¿Cómo te sientes hasta aquí? ¿Eres obediente? ¿Te has alejado de Dios? Quizás hayas estado en camino a su lagar (su colegio o su trabajo). Tal vez *has* tenido una de esas experiencias tarde en la noche en las que sabes que Dios te ha llamado a hacer algo.

Así que tú no trabajas en un lagar.

No eres el más joven, el más débil o el de menos probabilidades de triunfar.

O... quizás sí lo eres.

Dios quiere tu obediencia.

No te conozco pero sé cómo vives. Todos vivimos del mismo modo. Cada día enfrentamos, juntos, un escenario variado de enemigos. Todos tenemos enemigos madianitas. Estos son individuos que quieren nuestra disposición. Se disputan nuestra atención. Conspiran para hacernos pecar y arruinarnos. Los podemos seguir fácilmente y confiamos en ellos con facilidad. Además nos sacan fácilmente de nuestros lagares y nos llevan a una vida de pecado a la que nunca pensamos que entraríamos.

> **Instantáneas**
>
> ¿Quieres saber más sobre Gedeón? Lee Jueces 6–9.

¿Qué debes hacer?

Escucha la voz de Dios. Esto es lo que he aprendido de Gedeón. Además del importante mensaje de obediencia y del hecho que el llamado de Dios exige nuestra respuesta, esto es lo que he recibido.

La voz de Dios. Llama. Equipa. Protege. Conquista.

Ya sabes, está bien tomar la vida con un poco de calma sencillamente para esperar la voz de Dios. Encontrar un lugar para escuchar (el clóset de tu cuarto, un sitio en el bosque o en el parque o cualquier otro) es totalmente bueno.

Una vez que lo has oído, entrega tu vida y agárrate de Dios.

Eso fue lo que hizo Gedeón. Nosotros también podemos hacerlo.

Los enemigos parecen inconquistables sin la voz de Dios. Parecen murallas de problemas imposibles de trepar. Pero si podemos permanecer en Dios, y seguirlo a Él y a su llamado, finalmente ganaremos la batalla.

Otros se pueden reír. Quizás digan: «¡Eres el más insignificante! Buena suerte, ¡perdedor!» Sin embargo, hemos sido llamados en nuestro lagar para conquistar al enemigo. Te podrías sentir como un pequeño ejército y que cualquier cosa que enfrentes es invencible. No obstante, tú tienes el llamado. Esto es lo que te propongo. No te afanes demasiado con tu trabajo. Toma tu vida con más calma. Pégate a Dios. Aguántate de Él y confía en su voz.

Hay un ejército de enemigos esperándote.

Toma este cántaro y esta trompeta.

Tómalo con calma.

Obediencia radical.

Agárrate de Dios.

MI VIDA

Toma un momento para pensar en la idea de la obediencia radical. Estas preguntas te ayudarán a aplicar lo que acabas de leer:

➜ ¿Qué aprendiste nuevo acerca de Gedeón?

➜ Si fueras Gedeón, ¿qué excusas podrías usar para intentar quitarte a Dios de encima?

➜ ¿Por qué Gedeón obedeció después de su primera negativa a la orden de Dios?

➜ ¿A qué crees que se parece la voz de Dios?

➜ ¿Cuándo fue la última vez que Dios te pidió que hicieras algo?

➜ ¿Qué significa obedecer a Dios?

➜ ¿Qué sucede si no obedecemos a Dios?

➜ ¿Qué se necesita para obedecer a Dios?

→ ¿Qué te está llamando Dios a hacer?

→ ¿A qué ejército te está llamando Dios a atacar?

TODA LA VERDAD

La historia de Gedeón en Jueces 7.1-22

Levantándose, pues, de mañana Jerobaal, el cual es Gedeón, y todo el pueblo que estaba con él, acamparon junto a la fuente de Harod; y tenía el campamento de los madianitas al norte, más allá del collado de More, en el valle.

Y Jehová dijo a Gedeón: El pueblo que está contigo es mucho para que yo entregue a los madianitas en su mano, no sea que se alabe Israel contra mí, diciendo: Mi mano me ha salvado. Ahora, pues, haz pregonar en oídos del pueblo, diciendo: Quien tema y se estremezca, madrugue y devuélvase desde el monte de Galaad. Y se devolvieron de los del pueblo veintidós mil, y quedaron diez mil. Y Jehová dijo a Gedeón: Aún es mucho el pueblo; llévalos a las aguas, y allí te los probaré; y del que yo te diga: Vaya este contigo, irá contigo; mas de cualquiera que yo te diga: Este no vaya contigo, el tal no irá. Entonces llevó el pueblo a las aguas; y Jehová dijo a Gedeón: Cualquiera que lamiere las aguas con su lengua como lame el perro, a aquél pondrás aparte; asimismo a cualquiera que se doblare sobre sus rodillas para beber. Y fue el número de los que lamieron llevando el agua con la mano a su boca, trescientos hombres; y todo el resto del pueblo se dobló sobre sus rodillas para beber las aguas. Entonces Jehová dijo a Gedeón: Con estos

> **Verdad radical**
>
> *Gedeón obedeció a Dios aun cuando era terrible y difícil, y parecía imposible.*

trescientos hombres que lamieron el agua os salvaré, y entregaré a los madianitas en tus manos; y váyase toda la demás gente cada uno a su lugar. Y habiendo tomado provisiones para el pueblo, y sus trompetas, envió a todos los israelitas cada uno a su tienda, y retuvo a aquellos trescientos hombres; y tenía el campamento de Madián abajo en el valle.

Aconteció que aquella noche Jehová le dijo: Levántate, y desciende al campamento; porque yo lo he entregado en tus manos. Y si tienes temor de descender, baja tú con Fura tu criado al campamento, y oirás lo que hablan; y entonces tus manos se esforzarán, y descenderás al campamento. Y él descendió con Fura su criado hasta los puestos avanzados de la gente armada que estaba en el campamento. Y los madianitas, los amalecitas y los hijos del oriente estaban tendidos en el valle como langostas en multitud, y sus camellos eran innumerables como la arena que está a la ribera del mar en multitud. Cuando llegó Gedeón, he aquí que un hombre estaba contando a su compañero un sueño, diciendo: He aquí yo soñé un sueño: Veía un pan de cebada que rodaba hasta el campamento de Madián, y llegó a la tienda, y la golpeó de tal manera que cayó, y la trastornó de arriba abajo, y la tienda cayó.

Y su compañero respondió y dijo: Esto no es otra cosa sino la espada de Gedeón hijo de Joás, varón de Israel. Dios ha entregado en sus manos a los madianitas con todo el campamento.

Cuando Gedeón oyó el relato del sueño y su interpretación, adoró; y vuelto al campamento de Israel, dijo: Levantaos, porque Jehová ha entregado el campamento de Madián en vuestras manos. Y repartiendo los trescientos hombres en tres escuadrones, dio a todos ellos trompetas en sus manos, y cántaros vacíos con teas ardiendo dentro de los cántaros. Y les dijo: Miradme a mí, y haced como hago yo; he aquí que cuando yo llegue al extremo del campamento, haréis vosotros como hago yo. Yo tocaré la trompeta, y todos los que estarán conmigo; y vosotros tocaréis entonces las trompetas alrededor de todo el campamento, y diréis: ¡Por Jehová y por Gedeón!

Llegaron, pues, Gedeón y los cien hombres que llevaba consigo, al extremo del campamento, al principio de la guardia de la medianoche, cuando acababan de renovar los centinelas; y tocaron las trompetas, y quebraron los cántaros que llevaban en sus manos. Y los tres escuadrones tocaron las trompetas, y quebrando los cántaros tomaron en la mano izquierda las teas, y en la derecha las trompetas con que tocaban, y gritaron: ¡Por la espada de Jehová y de Gedeón! Y se estuvieron firmes cada uno en su puesto en derredor del campamento; entonces todo el ejército echó a correr dando gritos y huyendo. Y los trescientos tocaban las trompetas; y Jehová puso la espada de cada uno contra su compañero en todo el campamento. Y el ejército huyó hasta Bet-sita, en dirección de Zerera, y hasta la frontera de Abel-mehola en Tabat.

> Dios no pone ante nuestros ojos un auto, un postre o un descanso y dice: «¡Obedéceme o verás!» En vez de eso nos ofrece interrupciones divinas. Él nos invade con oportunidades increíbles de verlo en acción.

RADICALES MODERNOS

¿Quieres un ejemplo moderno de Gedeón? Te presento a Joel.

Joel se parece mucho a cualquier otro adolescente que conoces. Pero si hablas un rato con él te contará sobre las once personas de su familia. Nueve hijos. Dos padres. La mayoría de los chicos se educan en casa. Hasta hace poco Joel también se educaba en casa. Antes de asistir a un colegio privado pasaba el día aprendiendo en casa y ayudando a sus hermanos con sus tareas escolares. Como ahora asiste a un nuevo colegio, tiene una vida social y deportiva dentro del contexto de un colegio.

Agrega a esto todo lo demás. Una nueva vida social. Deportes. El mayor de nueve hijos. ¿Cómo crees que es esto? ¿Mucha responsabilidad? ¿Demasiadas exigencias de sus padres? Seguramente. En un día Joel tiene que ser adolescente, estudiante e hijo. Además de eso, tiene que ser hermano mayor, creyente, tutor, cuidador de niños y amigo.

Joel es un chico cuya obediencia habla claro y en voz alta. Él es la clase de muchacho que hace lo que sus padres le piden. No les da excusas cuando le piden que cuide a sus hermanos para que puedan salir a cenar.

Una noche Joel salió con sus amigos y alguien sugirió que alquilaran una película y fueran a verla en casa de uno de ellos. Rápidamente quedó claro que la película estaba contra todo lo que Joel entendía correcto, contra todo lo que le habían enseñado sus padres, contra todo lo que él conocía acerca de la santidad personal.

Algo le dijo que saliera. «Muchachos, tengo que irme», dijo, y se fue. Aproximadamente dos minutos después sus amigos tuvieron la misma sensación, y dejaron de ver la película.

¿Qué notas en Joel? ¿Qué tal si te digo que hay dos clases de obediencia en este ejemplo?

¿Qué tal si...?

¿Qué tal si Gedeón no fuera conocido como un hombre valiente? ¿Qué tal si se hubiera acobardado? ¿Y si le hubiera dicho no a Dios? ¿Habría ganado Israel de todos modos las batallas? ¿Se habría vuelto la idolatría un problema aun mayor en Israel?

Primero, está la obediencia a sus padres. Joel hace lo que le piden hacer porque los ama y los respeta. Al hacerlo contribuye a la familia.

Segundo, está la obediencia que es aun más poderosa: a Dios. Esa fue la que lo alejó de la película de la que nadie le pidió que se alejara. Joel fue obediente aun cuando «no tenía que serlo».

¿Conoces gente que *aseguran* ser obedientes a Dios pero que nunca pierden una oportunidad de romper un mandamiento?

Ese no es Joel. Él hace lo correcto. Obedece a Dios cuando lo están viendo *y* cuando no lo ven.

Eso es obediencia radical.

10

Marcos:

Urgencia radical

El aire estaba cargado de expectativas. La noche estaba fría. El viento pasaba con rapidez por el huerto, como ocurría a menudo. En el aire se percibía el fresco aroma de las flores. Los hombres que estaban en el huerto esa noche no estaban acostumbrados a estar en lugares como este. En los últimos tres años los habrías encontrado en sitios totalmente distintos. Habían estado en sitios de mala muerte llenos de la escoria de la sociedad, personas de las que manaba el pecado. Habían estado en lugares donde los malhechores se pavoneaban buscando ser mejores a costillas de otros.

Pero no esa noche. Los hombres se estaban saliendo de lo acostumbrado. Sus corazones palpitaban por las noticias. Era la noche en que Jesús dejaría de ser su maestro y comenzaría su período bajo la tutela de la corte judía. Terminaría como el muchacho azotado para todos los que no le comprendían. Se convertiría en el «chico del cartel» por cada excusa que la gente ha tenido para pecar.

Eso es lo que había en el aire esa noche. Jesús lo sabía. Por eso estaban en Getsemaní en primer lugar. Estaban allí por una cita divina. Estaban en el lugar en que Jesús sería entregado para empezar el proceso de juicio y ejecución. Allí es donde Judas tendría la oportunidad de mostrar realmente de qué estaba hecho.

¿Qué habrías hecho si esa noche hubieras sido uno de los

discípulos de Jesús? ¿Cómo te habrías sentido? ¿Habrías llorado? ¿Te habrías enojado? ¿Te habrías preocupado? Es posible que los discípulos no hayan sabido lo que iba a pasar, pero sabían que algo grande estaba a punto de ocurrir. Iban a ser testigos de sucesos que resonarían en la historia y cambiarían a todo el mundo… para siempre.

Piensa en esto. ¿Para siempre? Esta era una noche importante. La eternidad descansaba enormemente en esa noche y en las noches siguientes.

Quién, qué, dónde, cuándo

Marcos era demasiado joven para ser un discípulo pero los discípulos de Jesús se reunían a veces en la casa de sus padres. Viajó con el apóstol Pablo.

Marcos dejó por escrito en su evangelio lo que pasó esa noche. Lo narró en su acostumbrada manera convincente. Describió la tensión entre dos fuerzas opuestas. Un grupo tras el Mesías, deseando con urgencia quitarlo de la faz de la tierra. El otro grupo, intentando protegerlo urgentemente.

Un bando perseguía con urgencia la muerte del Salvador. Perseguía algo por las razones equivocadas. El otro bando estaba tras un poco más de tiempo con Jesús, presto a sentarse a sus pies. Las personas del último grupo sabían lo que se avecinaba. Sabían que quedaba poco tiempo.

Marcos lo describió como la acción rápida que fue. A él se le conocía por narrar como si fuera un escritor de guiones de acción y aventura. No se entretenía con muchos adjetivos. Era del tipo «directo a los hechos». Judas besó a Jesús. Pedro cortó una oreja. Jesús se quedó solo. Todos los discípulos corrieron a esconderse.

El evangelio de Marcos revela que él también huyó esa noche. Corrió deprisa. La situación urgía. ¡Huyó totalmente desnudo! Mientras corría se le cayó la sábana que usaba. ¿Puedes imaginarte que esto te suceda en un lugar público? Pero en medio de todo esto no dejó de correr.

Entrenamiento en el camino

¿Te interesa leer sobre alguien más que fue apremiado por su fe? Lee la vida de Pablo (Hechos 21.40—22.11).

Sabemos que Marcos corrió. Sabemos que perdió su ropa. Pero no sabemos adónde fue. ¿Crees que fue a parar en casa de un familiar? ¿Te lo imaginas haciendo eso? Arrancar tan rápido como pudo, encontrar la casa, abrir la puerta a patadas y dar un portazo detrás de él. Entonces, los sentimientos de culpa. Los golpes contra el suelo. Tratando de ver si alguien lo estaba persiguiendo. Y todo eso mientras estaba desnudo.

O quizás se escondió en los matorrales, esperando a ver lo que pasaba con Jesús. Esconderse desnudo en unos matorrales no suena nada divertido.

Adondequiera que Marcos hubiera huido esa noche, finalmente corrió a buscar una pluma y un pergamino, y escribió para nosotros los hechos que presenció de la vida de Jesús. Publicó su mensaje. Lo narró de la misma manera que corrió: con urgencia, sin vergüenza alguna y forzado por un mensaje.

Creo que me parezco un poco a Marcos. Tiendo a exagerar un poco, como tal vez le pasaba a él. Si veo a alguien que no conozco, me apresuro en conocerlo. Si descubro algo increíble (p. ej. cómo meten esos barcos en esas diminutas botellas), me paro frente a alguien y le hablo del asunto. Siento que conozco a Marcos. Puedo imaginar que cuando hablaba respecto a Jesús, lo hacía con energía y entusiasmo. Creo que se le hacía difícil mantener cerrada la boca.

Marcos sabía lo que significaba que un mensaje tan importante lo consumiera, que no se dio cuenta cuándo debía avergonzarse. Sencillamente se mantuvo en movimiento. Su entusiasmo era alimentado por una experiencia. No estaba avergonzado. El mensaje lo consumía.

No sé dónde encuentras el centro de tu vida espiritual. Espero que lo encuentres en el trono de Jesús. Un mendigo buscando agua. Un chico reprobado con necesidad de pasar un tiempo con su padre. Sin embargo, sin importar la experiencia que hayas tenido, espero que sientas un poco de urgencia al respecto. Espero que sientas que sencillamente tienes que contárselo a alguien.

A veces es fácil quedar atrapado en el lado equivocado de lo «urgente». El mundo nos succiona, se sale con la suya, nos ofrece un montón de cosas y nos convence de que estas cosas son importantes. Lo más pequeño nos puede parecer una emergencia. Consume nuestra adrenalina.

Instantáneas

¿Quieres saber más sobre Marcos? Lee Hechos 15.37-41.

Lo cierto es que Dios va tras nuestra urgencia. Él quiere que nuestras vidas sean apasionadas por Él. Quiere que nos sintamos forzados a contar a otros nuestra historia. Quiere que olvidemos lo que se levanta en el camino entre nosotros y aquellos ante quienes corremos a hablarles. Quiere que recordemos nuestras experiencias con Él y vayamos frenéticamente al mundo con los corazones palpitantes y la adrenalina fluyendo.

Urgencia radical.

Dios está llamándote a correr y a contarle a todo el mundo lo que has visto.

APLICACIÓN RADICAL

Urgencia. Esta es una palabra radical, ¿verdad? No puedes suavizarla con otras palabras y que la oración tenga sentido. No puedes decir: «Medio urgente» o «urgencia moderada» y expresar lo que quieres decir. *Urgencia* es una palabra radical.

Toma muchas formas. Piensa en estas:

Fervor.

De la noche a la mañana.

Ahora mismo.

De inmediato.

No puede esperar.

Estas frases tienen algo que ver con la manera en que Marcos se debió haber sentido cuando veía la vida de Jesús y mientras escribía acerca de ella. Tenía urgencia, estaba empujado por una Persona en quien creía y por una causa en la que estaba invirtiendo. La urgencia de Marcos venía de dos fuentes:

Marcos tuvo experiencias que valían la pena contar

Cuando lees la Biblia encuentras personas que tuvieron experiencias importantes con Jesús. Sí, tuvieron discusiones con Él sobre asuntos esenciales. Pero no pases por alto sus experiencias. Lloraron con Jesús. Sudaron con Él. Vieron gente sanada por su mano. Tenían algo que decir. Marcos fue una de esas personas.

Urgencia sin algo que decir es como intentar encender una hoguera con un fósforo mojado. Si lo único que tienes son las historias de otros acerca de su relación con Dios, entonces en realidad no tienes nada que relatar. Entonces, ¿te estoy animando a buscar a Dios hasta que tengas una experiencia que te haga decir *¡bárbaro!*? ¿Te estoy pidiendo que busques momentos extraordinarios en que Dios te impresione con su poder, amor y presencia?

Sí. Marcos no nos habla mucho de las discusiones filosóficas y existenciales de los discípulos con Jesús. Nos habla de las experiencias que vivieron. Escribe con urgencia acerca de las experiencias que le mostraron quién era Jesús; para que el mundo conozca.

Marcos tenía una audiencia a la que quería alcanzar

La urgencia sin una audiencia es como una cantante de ópera de talla mundial varada en una isla desierta. Después de un tiempo se cansa de su propia voz y deja de cantar. La urgencia no vive aislada. Si no conocemos personas que estén perdidas, ¿cómo podemos decirles lo que hemos experimentado?

¿Qué haces? Vas a donde están esas personas. Eres amigable y, a tu manera, les hablas de tu experiencia con Cristo. No trates de forzar nada. No tienes que ser demasiado creativo. Ni siquiera tienes que ser bueno para hablar con otros. Simplemente abre tu boca y deja que noten tu urgencia.

> Corre tan rápido como puedas. Deja lo que tengas que dejar. Sal de tu red de seguridad. El mundo está esperando oír sobre lo que has encontrado en Jesús.

Urgencia radical. ¡Háblale a alguien de Jesús! Está bien si tienes que dejar algo en el camino. Aun algo importante.

Urgencia radical. Nace de una relación activa e íntima con Jesús. Sal de la incapacidad incontrolable de esperar para decirle a los demás lo que has experimentado con el Salvador.

Urgencia radical. Ríndete a ella. Corre tan rápido como puedas. Deja lo que tengas que dejar. Sal de tu red de seguridad. El mundo está esperando oír sobre lo que has encontrado en Jesús.

Urgencia radical.

No temas. Simplemente ve.

MI VIDA

Toma un momento para pensar en la idea de la urgencia radical. Estas preguntas te ayudarán a aplicar lo que acabas de leer:

→ ¿Cuál es tu definición de urgencia?

→ ¿Sobre qué cosas en tu vida sientes urgencia?

→ ¿Qué experiencias has tenido con Dios?

→ ¿Cuándo has hablado a otros de lo que has experimentado?

→ ¿Qué cosas te conmueven sobre la experiencia de Marcos en el huerto?

→ ¿En qué te pareces a Marcos?

- ¿Te relacionas con personas que no conocen a Jesús?

- ¿Qué puedes hacer para hablarles de Dios?

- ¿Por qué es importante la urgencia espiritual?

- ¿Cómo ha cambiado tu manera de vivir lo que has aprendido sobre Marcos?

TODA LA VERDAD

La historia de Marcos en Marcos 14.32-52

Vinieron, pues, a un lugar que se llama Getsemaní, y dijo a sus discípulos: Sentaos aquí, entre tanto que yo oro. Y tomó consigo a Pedro, a Jacobo y a Juan, y comenzó a entristecerse y a angustiarse. Y les dijo: Mi alma está muy triste, hasta la muerte; quedaos aquí y velad.

Yéndose un poco adelante, se postró en tierra, y oró que si fuese posible, pasase de Él aquella hora. Y decía: Abba, Padre, todas las cosas son posibles para ti; aparta de mí esta copa; mas no lo que yo quiero, sino lo que tú.

Vino luego y los halló durmiendo; y dijo a Pedro: Simón, ¿duermes? ¿No has podido velar una hora? Velad y orad, para que no entréis en tentación; el espíritu a la verdad está dispuesto, pero la carne es débil.

Otra vez fue y oró, diciendo las mismas palabras. Al volver, otra vez los halló durmiendo, porque los ojos de ellos estaban cargados de sueño; y no sabían qué responderle.

Vino la tercera vez, y les dijo: Dormid ya, y descansad. Basta, la hora ha venido; he aquí, el Hijo del Hombre es entregado en manos de los pecadores. Levantaos, vamos; he aquí, se acerca el que me entrega.

Luego, hablando Él aún, vino Judas, que era uno de los doce, y con Él mucha gente con espadas y palos, de parte de los principales sacerdotes y de los escribas y de los ancianos. Y el que le entregaba les había dado señal, diciendo: Al que yo besare, ese es; prendedle, y llevadle con seguridad.

Y cuando vino, se acercó luego a Él, y le dijo: Maestro, Maestro. Y le besó.

Entonces ellos le echaron mano, y le prendieron. Pero uno de los que estaban allí, sacando la espada, hirió al siervo del sumo sacerdote, cortándole la oreja.

Y respondiendo Jesús, les dijo: ¿Como contra un ladrón habéis salido con espadas y con palos para prenderme? Cada día estaba con vosotros enseñando en el templo, y no me prendisteis; pero es así, para que se cumplan las Escrituras.

Entonces todos los discípulos, dejándole, huyeron.

Pero cierto joven le seguía, cubierto el cuerpo con una sábana; y le prendieron; mas él, dejando la sábana, huyó desnudo.

RADICALES MODERNOS

Pratik está por graduarse de escuela superior y tiene planes de aprender a trabajar con computadoras. Tiene amigos, padres excepcionales y es cristiano. En esto último es donde comienzan las dificultades.

Urgencia radical. ¡Háblale a alguien de Jesús! Está bien si tienes que dejar algo en el camino. Aun algo importante.

Pratik se crió en un hogar hindú. Sus padres son hindúes por tradición. El hinduismo es una religión y un estilo de vida. Contiene todo lo que los hindúes creen y es todo lo que son. ¿De otras religiones? Ni hablar.

Cuando llegaron a vivir en los Estados Unidos, los padres de Pratik buscaron el mejor colegio que pudieron encontrar para educar a su hijo. Encontraron el colegio adecuado: uno cristiano. Aun cuando enseñaba ideas contrarias a lo que ellos creían, Pratik comenzó allí sus estudios.

¿Qué pasó? Al principio, nada. Pero en el décimo grado Pratik tomó un curso de historia del Nuevo Testamento. Allí clarificó su entendimiento de Dios, de la Biblia y de otros importantes principios de la fe cristiana. No era que estuviera oyendo algo nuevo; era más bien que lo que ya sabía acerca del cristianismo se mostró bajo una luz diferente. Entonces al año siguiente Pratik aceptó a Jesús.

Verdad extrema

Marcos siguió a Cristo con entusiasmo. Sintió la urgencia de conocer a Cristo y de hablar a otros acerca de Él.

En realidad sería fabuloso decir que Pratik ha tenido un apoyo excepcional de sus padres. Sin embargo, este no es el caso. El padre de Pratik le exigió que renunciara a su fe en Jesús o no iría a la universidad. Al prohibírsele ir a la iglesia, ahora sale a hurtadillas de la casa para ir al grupo juvenil. Trata de testificar a sus padres, y aunque estos aman a su hijo, no pueden aceptar lo que cree. A lo largo de todo esto Pratik ha persistido. Un maestro y un buen amigo cristiano le han ayudado.

En la vida de Pratik hay una urgencia que no siempre se ve en nuevos creyentes. Él no está contento con conocer a Jesús y guardarse el conocimiento para sí. Es valiente para compartir lo que sabe porque hacerlo es más importante que el trastorno momentáneo que esto podría ocasionar. Si le preguntas a Pratik, te responderá rápidamente que esta urgencia viene de su relación con Jesús, que se alimenta en 1 Timoteo 4.12: «Ninguno tenga en poco tu juventud, sino sé ejemplo de los creyentes en palabra, conducta, amor, espíritu, fe y pureza».

¿Qué tal si...?

Si Marcos no hubiera escrito su evangelio sabríamos mucho menos acerca de Jesús. Algunas personas creen que Lucas y Mateo usaron el evangelio de Marcos como referencia.

El valor de Pratik y su sentido de urgencia de hablar a su familia acerca de Cristo son dos cualidades asombrosas. Esto es urgencia. A menudo mira más allá del sufrimiento momentáneo o la incomodidad en las relaciones y busca un propósito más grande. Pratik tiene su vista puesta en esa meta más grandiosa.

Eso es urgencia radical.

11

Timoteo:

Servicio radical

¿Quién fue Timoteo?

Esta es realmente una pregunta difícil. Aunque parece que Timoteo fue un personaje importante en el desarrollo de la iglesia primitiva, no tenemos mucha información de su servicio. No vas a encontrar ningún libro chévere escrito por él. No escribió ninguno (1 y 2 Timoteo se los escribieron *a* él). No encontrarás iglesias que haya pastoreado. No ministró exclusivamente a ninguna iglesia. La mayor parte del tiempo sirvió donde se le necesitaba. Su servicio lo convirtió en uno de los grandes en la iglesia primitiva.

Esto es lo que sabemos. Timoteo comenzó desde muy joven a servir a Dios y a la iglesia. Sabemos que varias personas verdaderamente espirituales lo amaban mucho: su mamá, su abuela y el apóstol Pablo, para mencionar unas pocas. También sabemos que Timoteo tenía un corazón de siervo. Ahora, necesitas entender que no era la clase de siervo que se paró al lado de algún ricachón, le sostuvo el mantel y le preguntó si quería limón en su agua. Por el contrario, Timoteo estaba en las líneas frontales del incipiente cristianismo, listo para ayudar.

Se podría decir que el nombre de Timoteo contenía su destino. En griego, su nombre se formaba de dos palabras que combinadas significan «honrar a Dios». ¡Qué futuro! Le pudieron haber puesto un nombre que significara algo como «jefe de cocina y sirviente». Pero esa no era la clase de servicio al que estaba destinado Timoteo.

Comprender quién era Timoteo y qué hizo para servir a otros exige algún trabajo de tu parte antes de que sigas leyendo este capítulo. Necesitarás leer los pasajes incluidos aquí acerca de él. Después de leerlos, continuaremos. Adelante y léelos ahora. Esperaré aquí.

¿Listo? Muy bien.

Acabas de leer algunos pasajes importantes acerca de la vida de este joven. ¿Qué notaste? He aquí algunos aspectos que pudiste haber visto:

Timoteo viajaba con Pablo

No es la gran cosa, ¿verdad? Después de todo era común viajar a otras tierras, a pie o en barco. Además, si has escuchado muchos sermones acerca de los tiempos bíblicos recordarás que las personas caminaban o iban en barco a todas partes. Viajar con Pablo... nada impresionante.

Quién, qué, dónde, cuándo

El padre de Timoteo era griego y su madre judía. Su mamá y su abuela le enseñaron sobre los asuntos espirituales. Para el apóstol Pablo fue como un hijo.

Seguro. Pero recuerda quién era Pablo. Por encima de todo lo que sabes sobre Pablo, recuerda esto: era un hombre implacable. Antes de ser creyente era un perseguidor implacable de cristianos. Trabajó duro para asegurarse de que sufrieran mucho. Después de conocer a Jesús, Pablo no fue menos implacable. Pero su implacabilidad tomó un matiz diferente. Era implacable en su deseo de hablar a la gente sobre Jesús.

Imagínate los viajes de Pablo y Timoteo. Tal vez Pablo le contó todo lo que hizo a los cristianos antes de conocer a Jesús. Quizás le habló de la experiencia de su conversión. ¿Cómo sería comenzar el ministerio junto al hombre que cambió la manera en que la iglesia veía a Dios? ¿Cómo sería caminar con el hombre cuyo encuentro con Jesús deslumbra aun a nuestro mundo actual? Timoteo caminaba con la historia en ciernes. Ese fue su inicio en el ministerio.

Timoteo estaba circuncidado

Timoteo se encontró con Pablo en una reunión de la iglesia en Listra. Habló con él y supo de su reputación. Pablo quiso que lo acompañara en sus viajes misioneros. Sin embargo, Timoteo no estaba circuncidado porque su padre era griego. Esto representaba un problema. En el camino se habrían de reunir con judíos y transmitirles las ordenanzas que la iglesia había decidido que todos los creyentes guardaran. Un Timoteo incircunciso los confundiría.

Por consiguiente, Timoteo fue circuncidado.

Muy bien. Lo único que se me ocurre decir al respecto es: «¡Ay!» Para un bebé de ocho días de nacido es bastante doloroso que lo circunciden. Timoteo ya era un adulto. Permíteme decirlo otra vez: «¡Ay!»

La circuncisión de Timoteo hizo dos cosas. Primera, cambió físicamente su herencia. Para las personas de esa época la circuncisión era un asunto *tremendo*. Los judíos se enorgullecían de que los circuncidaran. Los gentiles se enorgullecían de *no* estar circuncidados. Ambos grupos tenían un sentido histórico unido a sus decisiones. Segunda, la circuncisión de Timoteo podría haber puesto en peligro la relación con su padre. En esos días la decisión de ser circuncidado tenía repercusiones mucho más amplias que la de un procedimiento quirúrgico sencillo.

Sea lo que sea que haya pasado, algo es seguro: Timoteo dio un paso asombroso para relacionarse con los judíos en sus viajes. El dolor de la circuncisión es grande, y Timoteo no era un niño pequeño. Dio un paso doloroso para alcanzar a quienes no conocían a Jesús.

Timoteo renunció a su juventud

Notarás que Pablo se mantuvo animando a Timoteo a que adoptara dos cosas. Primera, lo animó a ser un ejemplo para los creyentes a pesar de su juventud. Segunda, lo animó a huir de sus pasiones juveniles. Eso era algo bueno, ¿verdad? Seguro. Sin embargo, huir de las pasiones juveniles también significa ser serio, actuar con responsabilidad. También pudo haber significado que Pablo le estuviera pidiendo que se enfrentara al mundo, que echara a un lado las presiones de su edad y que desarrollara una personalidad más madura. En parte, Timoteo renunció a vivir libre de preocupaciones.

Entrenamiento en el camino

¿Te interesa leer sobre alguien más que sirvió a Dios? Lee la vida de Noé (Génesis 6).

No obstante, el asunto era algo divertido. Timoteo tomó decisiones prematuras que lo elevaron a una categoría diferente de madurez y servicio, y sin embargo tales decisiones no lo hicieron ver más viejo. Había personas que miraban su rostro fresco y juvenil y pensaban: *¿Tienes la edad suficiente para enseñarme algo?* Él debió luchar para ganar credibilidad como el novato del equipo pero no siempre parecía conseguir el descanso de un novato.

Timoteo estuvo en prisión

¿Has estado alguna vez en la cárcel? ¿Te han quitado la libertad injustamente? ¿Te han abofeteado en la cárcel porque tus creencias son distintas a las del resto del mundo?

A Timoteo le pasó esto. Imagina esto: joven, entusiasta, optimista y preso. ¿Te desanimarías? Eres un hijo de Dios y deseas servir a los demás. En vez de esto, estás comiendo en un piso sucio detrás de los muros de una prisión. Estás encadenado como un criminal. Te reprenden los guardias de la cárcel. Te odian.

Timoteo tuvo que aprender a temprana edad el costo de seguir a Cristo. Dentro de esos muros de la cárcel debió haber visto que la justicia en la tierra no siempre es la misma justicia a los ojos de Dios. Debió haber visto que seguir a Dios no se trataba de lo que era justo. Debió haber sabido que servir a otras personas era a veces un trabajo ingrato.

> Servicio extremo.
> Perderás todo; ganarás todo.
> Y Dios recibirá la gloria.

Así que aquí está el joven Timoteo. Lejos de su familia. Pasando por una cirugía corporal (y de identidad cultural). Sirviendo de asistente a uno de los más grandes evangelistas del mundo. Preso. ¿Sabes lo que me gusta? Me gusta que la Biblia no dice: «Timoteo iba a menudo con Pablo en viajes misioneros, y cuando llegaba a un pueblo iba a un lugar donde se reunían los jóvenes para divertirse y se la pasaba allí hasta que Pablo le hacía la señal de partida». No, Timoteo se sacrificó. Renunció a cosas importantes. Estuvo a la altura del reto que Dios puso ante él.

Timoteo sirvió.

Al joven Timoteo nunca le pareció muy grande el costo. No miró atrás. Ningún título profesional ni prestigio ni empleos prometedores. Escasa remuneración. Muchas horas. Mucho sufrimiento.

Esto es servicio. ¡Eh! Esto es servicio radical.

¿Podrías vivir así? ¿Podrías renunciar a todo y vivir incómodamente para que otros conozcan de Jesús?

Si me conocieras, te diría que yo lo haría. Te contaría muchas historias de lo que he hecho para servir a otros. Sin embargo, seré sincero. Ponme en la cárcel y estoy frito; si me das una pala, trabajo una hora de trabajo y te pido un descanso y un refresco. Si me pides que me meta de cabeza al peligro por el bien del evangelio, me pondría a llorar como un bebé. Te diría todo acerca de cómo *quiero* servir, pero ponme en el lugar donde tengo que estar (como le pasó a Timoteo) y temo que me derrumbaré.

Me falta mucho por recorrer pero estoy trabajando en esto. ¿Estás trabajando tú?

La vida de Timoteo es como una linterna prendida en nuestras almas oscuras. La luz guía y revela quiénes somos realmente, y hasta qué punto nos incomodaríamos por otros. Observar el servicio de Timoteo nos hace ver nuestro servicio de modo distinto.

Servicio radical. El ejemplo de Timoteo lo hace ver sin atractivo y muy difícil.

Pero puedes hacerlo. Yo también puedo. Simplemente debemos confiar en que Dios nos haga los siervos que Él necesita que seamos. Así que deja que Dios te corte un poco. Renuncia a tus expectativas y sirve.

Cuando hayas terminado, pídele al guarda de la cárcel un poco de agua y también lávale los pies.

APLICACIÓN RADICAL

Timoteo fue un servidor y ministro extraordinario. Veamos los detalles.

Timoteo tenía un apego radical

Timoteo se apegó a la máquina de servicio radical: el apóstol Pablo. A veces iba a todas partes con Pablo. Aunque seguramente lo podemos ver esto como un ejemplo, no olvides lo peligrosa que era esa decisión. Pablo, después de su conversión, se volvió un blanco de persecución. A menudo lo apedrearon, lo expulsaron de ciudades, lo maldijeron y lo golpearon. Lo odiaban. También debieron haber odiado a cualquiera que estuviera con él.

Timoteo aprendió a servir junto a un hombre odiado. Aprendió a servir a quienes lo odiaban. Puedes notar en él un puro reflejo de Pablo. Aunque no escribió sus sentimientos ni sus acciones, es un reflejo mudo de servicio radical.

> **Instantáneas**
>
> ¿Quieres saber más sobre Timoteo? Lee 2 Timoteo.

La lección de Timoteo para nosotros es que es evidente el movimiento estratégico. Si quieres aprender a servir debes unirte a alguien que sepa servir, que viva el servicio y que esté dispuesto a renunciar a su vida por servir a los demás.

No puedes tomarte una pastilla y aprender a servir. No puedes ver un programa de televisión y convertirte en un experto. *Debes hacerlo.* Solo hay un camino para el servicio radical: la práctica. El camino de obrar.

Timoteo pasó por una cirugía radical

Timoteo abandonó muchas cosas. Su circuncisión aniquiló su historia. Su devoción borró su despreocupación juvenil. Su apego a Pablo puso su vida en peligro.

Todo por honrar a Dios.

Todo por servir a la gente.

Me gusta pensar que cuando circuncidaban a Timoteo era Dios realmente quien guiaba el bisturí. Él cortó lentamente a Timoteo, creando un siervo justo ante los ojos de sus amigos, familiares e iglesia.

Mientras Dios cortaba, sacaba las distracciones que sabía que encontraría Timoteo. Estaba cortando la antigua vida del joven por la nueva criatura que sería. Esa clase de cirugía era costosa (le costó la vida a Timoteo), y dolorosa (la circuncisión en un adulto debió haber sido dolorosa). Sin embargo, Dios tenía que hacerlo para establecer a Timoteo como un ejemplo de servicio radical.

Quizás no seas pastor. Tal vez no te creas ningún ejemplo de servicio. Probablemente ni siquiera estás seguro de cuánto te interesa servir a otros. Trata esto.

Únete a una gran persona

¿Conoces a alguien que es bueno sirviendo? ¿Admiras a un pastor o a un ministro de jóvenes? Conócelo. Pregúntale si puedes ayudarle en algunas de sus tareas cotidianas. Pero *no* porque quieras servirle sino porque quieres aprender cómo él sirve. Pregúntale si puedes aprender lo que él ha aprendido al observar cómo vive.

Pídele a Dios que te opere

Timoteo lo operaron de por vida: cuerpo y corazón. Saca tiempo para examinar tu vida. ¿Qué te impide servir? ¿A qué se parece tu historia? ¿Dónde has estado? ¿Qué debe operar Dios en tu vida?

Al igual que Timoteo, quizás tengas cosas que te impidan tomar en serio el servicio en tu vida. Tienes monstruos que sacan la cabeza y dicen: «Nunca podrás servir porque no te importa la gente», o «eres demasiado cobarde para servir a otros».

La verdad es que todo el mundo enfrenta estos monstruos.

Lo que te hará diferente a otros de tu edad no es lo temible que sean esos monstruos, sino cómo los derrotas. Pedir a Dios que te ayude a deshacerte de ellos es un buen comienzo. Para Timoteo significó pasar por una cirugía dolorosa y también por la rotura de la tradición familiar. Quizás para ti no será una cosa tan radical.

Acepta tu juventud y sé piadoso

Timoteo tuvo que enfrentar una constante lucha entre ser joven y estar en la onda, y al mismo tiempo ser adulto y responsable. Las instrucciones de Pablo para él eran claras. De ellas estaban llenas sus cartas a Timoteo. Pablo le pedía constantemente al joven que fuera un ejemplo, que enseñara la verdad y que cuidara la sana doctrina. Qué lucha... ser joven *e* influyente.

> Las personas te dirán que eres demasiado joven. Incluso podrían decirte que no eres la persona adecuada para la tarea. Pero escucha esto: el Señor te ha dado un nombre y un llamado. ¿Acaso no llevas por nombre cristiano? Entonces, tu llamado es a servir.

¿Eres joven? Acéptalo. Pero no tienes que ser joven y necio. Dios te está llamando a conocer la verdad y a vivir como un joven que vive a la luz de esa verdad.

No seas alguien que sabe lo que Dios dice acerca de las cosas y que luego vive como un loco antes de tomar en serio este asunto.

Acepta tu juventud. Aférrate a esas ideas locas que tienes. Comparte tu entusiasmo. Pero usa todo esto como un medio creativo para comunicar tus creencias sobre Dios y para servir a otros.

Servicio radical.

Las personas te dirán que eres demasiado joven. Incluso podrían decirte que no eres la persona adecuada para la tarea. Pero escucha esto: el Señor te ha dado un nombre y un llamado. ¿Acaso no llevas por nombre cristiano? Entonces, tu llamado es a servir.

Si alguien te dice que eres demasiado joven para servir, dile que no eres demasiado joven para servir a quienes Dios te haya llamado a servir. Si te dicen que no sabes suficiente, diles que en el mundo hay suficientes personas inteligentes pero que no hay suficientes personas que sirvan a los inteligentes.

Servicio radical.

Perderás todo. Ganarás todo.

Y Dios recibirá la gloria.

MI VIDA

Toma un momento para pensar en la idea del servicio radical. Estas preguntas te ayudarán a aplicar lo que acabas de leer:

➔ **¿Qué parte de la vida de Timoteo te impresiona más?**

➔ **¿Qué has aprendido de Timoteo que no sabías antes de leer este capítulo?**

- ¿Por qué crees que Timoteo se convirtió en alguien que servía?

- ¿Qué significa para ti el servicio radical?

- ¿Por qué es importante servir a otros?

- ¿Qué significa servir a otros al costo de perder tu vida?

- ¿Qué aprendiste de este capítulo que puedas aplicar a tu vida?

- ¿Qué necesita Dios cortar en tu vida para que puedas servir a otros?

- ¿Quién puede enseñarte a servir?

- ¿Puedes pensar ahora mismo en alguien a quién servir?

TODA LA VERDAD

La historia de Timoteo en...

HECHOS 16.1-5

Después llegó a Derbe y a Listra; y he aquí, había allí cierto discípulo llamado Timoteo, hijo de una mujer judía creyente, pero de padre grie-

go; y daban buen testimonio de él los hermanos que estaban en Listra y en Iconio. Quiso Pablo que este fuese con él; y tomándole, le circuncidó por causa de los judíos que había en aquellos lugares; porque todos sabían que su padre era griego. Y al pasar por las ciudades, les entregaban las ordenanzas que habían acordado los apóstoles y los ancianos que estaban en Jerusalén, para que las guardasen. Así que las iglesias eran confirmadas en la fe, y aumentaban en número cada día.

HECHOS 17.10-15

Inmediatamente, los hermanos enviaron de noche a Pablo y a Silas hasta Berea. Y ellos, habiendo llegado, entraron en la sinagoga de los judíos. Y estos eran más nobles que los que estaban en Tesalónica, pues recibieron la palabra con toda solicitud, escudriñando cada día las Escrituras para ver si estas cosas eran así. Así que creyeron muchos de ellos, y mujeres griegas de distinción, y no pocos hombres. Cuando los judíos de Tesalónica supieron que también en Berea era anunciada la palabra de Dios por Pablo, fueron allá, y también alborotaron a las multitudes. Pero inmediatamente los hermanos enviaron a Pablo que fuese hacia el mar; y Silas y Timoteo se quedaron allí. Y los que se habían encargado de conducir a Pablo le llevaron a Atenas; y habiendo recibido orden para Silas y Timoteo, de que viniesen a él lo más pronto que pudiesen, salieron.

Verdad radical

Timoteo no permitió que su juventud le impidiera servir a Dios. Apoyó los ministerios de Pablo y de las iglesias primitivas.

HECHOS 19.21-22

Pasadas estas cosas, Pablo se propuso en espíritu ir a Jerusalén, después de recorrer Macedonia y Acaya, diciendo: Después que haya estado allí, me será necesario ver también a Roma. Y enviando a Macedonia a dos de los que le ayudaban, Timoteo y Erasto, él se quedó por algún tiempo en Asia.

1 Timoteo 4.11-16

Esto manda y enseña.

Ninguno tenga en poco tu juventud, sino sé ejemplo de los creyentes en palabra, conducta, amor, espíritu, fe y pureza. Entre tanto que voy, ocúpate en la lectura, la exhortación y la enseñanza. No descuides el don que hay en ti, que te fue dado mediante profecía con la imposición de las manos del presbiterio. Ocúpate en estas cosas; permanece en ellas, para que tu aprovechamiento sea manifiesto a todos. Ten cuidado de ti mismo y de la doctrina; persiste en ello, pues haciendo esto, te salvarás a ti mismo y a los que te oyeren.

2 Timoteo 2.22-25

Huye también de las pasiones juveniles, y sigue la justicia, la fe, el amor y la paz, con los que de corazón limpio invocan al Señor. Pero desecha las cuestiones necias e insensatas, sabiendo que engendran contiendas. Porque el siervo del Señor no debe ser contencioso, sino amable para con todos, apto para enseñar, sufrido; que con mansedumbre corrija a los que se oponen, por si quizá Dios les conceda que se arrepientan para conocer la verdad.

RADICALES MODERNOS

Cuando piensas en el servicio, ¿qué clase de personas te imaginas? ¿Alguien que está continuamente en movimiento, afuera todo el tiempo y trabajando para suplir las necesidades de todos los que encuentra? Quizás te imaginas a alguien que entrega todo su dinero a misioneros e iglesias, esperando consolidar el servicio a otros. También es posible que pienses en personas que se entregan silenciosamente en toda oportunidad que tienen.

Adán tiene todo eso. Él creció en una familia que no conocía a Cristo. Pero Dios se hizo cargo de toda la familia. Primero su papá aceptó a Jesús como Salvador. Luego su hermano y su mamá. Adán fue el siguiente, seguido de su hermana. Dios entró a la familia y la hizo suya, y todo sucedió en un mes. Entonces el Señor llamó a Adán a servir a otros.

Sin embargo, Dios no llamó a Adán a hacer cosas espectacularmente grandiosas que la gente notaría. No lo llamó a ser el centro de atención con su servicio. Lo llamó a servir de modo silencioso. Él es un «siervo dispuesto y disponible». Ve necesidades y se dedica a ayudar a suplirlas. Busca amigos que hayan peleado con sus novias y los consuela. Busca amigos que estén luchando con los estudios y se dedica a ayudarlos.

¿Qué tal si...?

Si Timoteo no hubiera escuchado a sus guías, como su madre, su abuela y Pablo, quizás no habría crecido en la fe como lo hizo. Tal vez no hubiera sido la persona a quien Pablo escribiría su última carta. Las iglesias primitivas no hubieran tenido el mismo liderazgo bueno y joven.

La pasión de Adán por servir a otros no está restringida a quienes están en el colegio, ni siquiera a la gente que conoce. Fue a Chile con algunas personas de su iglesia para servir a otros. Allí construyó un muro y un lugar para secar ropa. Algunos de nosotros iríamos donde los vecinos para servir a la gente. Otros podrían viajar a varios estados para servir a los demás. Pero, ¿ir a servir a otro país? Eso hace radical su servicio, movido por la compasión a otros y llevado a suplir las necesidades sin pensar en dónde estén o cuán duras puedan parecer.

El deseo de servir a otros te llevará a lugares absurdos. Incluso te puede llevar a una nación lejana solo para construir un sitio donde la gente pueda secar la ropa. El servicio de Adán se resume en una sencilla afirmación: «Siento como si tuviera que hacerlo. Estoy motivado a servir a la gente».

Muchas cosas nos motivan: la pasión por tener lo mejor; la lucha por lograr nuestras metas personales; los fuertes anhelos de conseguir las amistades adecuadas. Muchas cosas compiten por nuestra atención en este mundo. Pero Adán pasa por todo esto descansando en el llamado de Dios a servir. Él tiene su ojo exactamente donde pertenece: servir a otros primero. Sigue tu pasión por hacer sentir cómodos a los demás. Muévete ahora, para que se suplan las necesidades de otros. La vida de Adán grita servicio. ¿Es la tuya igual?

Eso es servicio radical.

12 Un muchacho con un almuerzo:

Entrega radical

Llegaban de todas partes. Legisladores, infractores, desamparados, personas quebrantadas. Jesús era un imán para la gente. Las multitudes acudían a Él en masa: hambrientos, ciegos, heridos, curiosos, y una vez que lo encontraban, se quedaban. Con frecuencia Jesús tomaba medidas radicales para tener alguna privacidad. Sencillamente la gente no lo dejaba solo.

Jesús sentía una gran responsabilidad por la gente. En realidad hay algo obvio: la eternidad de estas personas descansaba en manos de Él. Más específicamente, eran individuos quebrantados, pobres, ciegos o enfermos. Jesús sentía responsabilidad por los detalles de sus vidas. ¿Dónde se alojarían? ¿Dónde dormirían? ¿Qué comerían?

Las multitudes estaban hambrientas, así que Jesús encontró el lugar perfecto para almorzar. La ladera daba al Mar de Galilea y tenía una vista perfecta de la ciudad de Tiberias. Aun con el ajetreo y bullicio que había en Tiberias, la mayoría de esas personas no tenían dinero para comprar nada. No es de extrañar que Jesús no dijera: «Escuchen todos, vayan a la ciudad y coman algo, cuando regresen, estaré aquí y comenzaremos las sanidades». No. Él escogió el lugar porque no había esperanza de que compraran algo para comer. Estaba creando el marco para que Dios irrumpiera en el tiempo y cambiara el orden de las cosas. La gente tenía una cita divina con un milagro. Y el milagro comenzó con un muchacho.

No sabemos mucho del chico. Pero sabemos que tenía algo de comida. ¿Qué clase de comida? Hogazas de centeno, el pan de los pobres. Sabemos que no era un muchacho rico pero era un muchacho dispuesto.

Imagínate que eres un jovencito preocupado por tus asuntos. Has pasado el día en el lago. A primeras horas tu mamá te dio algunas dracmas para que pudieras comprar algo de almuerzo. Te la pasaste en el lago lanzando piedras y atrapando renacuajos. Te has divertido tanto que no te importa que las sandalias se te hayan ensuciado. Supones que tu madre comprenderá. Después de todo, eres un niño.

En medio de tu diversión, te percatas de la multitud y te da curiosidad. Sin pensarlo dos veces, tomas tu bolsa de alimentos y corres a toda prisa hacia la multitud. Esta es realmente una gran multitud. En su mayoría adultos, y todos hablan del muchacho que está parado en lo alto de la ladera. Hay gente por todas partes. Están sudando. Se ven como si hubieran caminado por días. ¡Oye!, piensas en silencio. *El agua está sólo a unos cientos de metros. ¡Hora de bañarse!*

Quién, qué, dónde, cuándo

No sabemos mucho acerca del muchacho que dio su almuerzo para este milagro. Sí, sabemos que quizás no era rico y vivía a corta distancia del Mar de Galilea.

La Biblia no dice qué pasó por la mente del muchacho cuando Andrés se le acercó. Posiblemente Andrés no le pidió su alimento.

Quizás colocó una mano sobre la espalda del muchacho y lo empujó hacia Jesús. «¡Oye, Jesús! ¡Chequéate esto! ¡Este muchacho tiene algo de comida!»

Imagina que eres un discípulo. ¿Habrías pensado que ibas a recibir tu ración de primero? ¿Te hubieras imaginado que por estar en el círculo íntimo ibas a comer primero mientras los demás miraban? Seguramente no hubieran esperado que Jesús alimentara a *todos* con algunas míseras hogazas de pan y un par de pescados secos y malolientes.

Los alimentos del muchacho rindieron bastante. Y no sólo físicamente. Claro, todos comieron y quedaron satisfechos. Quizás las personas se volvieron a sentar, se limpiaron los dientes y se preguntaron qué iba a hacer Jesús para el postre. Sin embargo, esos pocos alimentos también rindieron mucho de otras maneras. Jesús los utilizó para convencer a los escépticos que Él era quien decía ser.

> Seguir a Jesús resulta en abundancia. Cuenta con eso. Este simple regalo del muchacho tuvo como consecuencia la demostración divina de un aspecto de la personalidad de Dios en que podemos confiar absolutamente. Dios provee... hay abundancia... suficiente para todos.

¿Te puedes imaginar las caras de las personas cuando pasaban las cestas? Habían seguido a Jesús por kilómetros. Habían dejado ropa colgada para secar y alimentos en el horno. Cuando oyeron que el Maestro pasaría por allí dejaron todo lo que estaban haciendo para poder echarle un vistazo al Hombre que decía ser el Mesías. Lo siguieron, lo vieron hacer milagros y lo escucharon. Mientras veían pasar los alimentos pudieron haber pensado: *Imposible. No hay ninguna manera de que esto funcione.* Apostaría a que algunos esperaban que todo el milagro se viniera abajo; así se podrían convencer de que ese Jesús era más un charlatán ambulante que un Redentor, Sanador y Salvador.

Con esto Jesús enloqueció a la multitud. Había abundancia.

Abundancia.

Seguir a Jesús resulta en abundancia. Cuenta con eso. Este simple regalo del muchacho tuvo como consecuencia la demostración divina de un aspecto de la personalidad de Dios en que podemos confiar absolutamente. Dios provee... hay abundancia... suficiente para todos. Esto significa que no tienes que preocuparte de la comida. Esto significa que si conoces personas que tengan hambre, tú las puedes alimentar y no tendrás que preocuparte porque esto te traiga escasez. Habrá abundancia. ¿Para ti? Sí. ¿Para las personas? Sí, también para ellas.

Dar. Esto fue lo que el muchacho hizo con desinterés radical. Dio sin preocuparse por lo que tenía. Está bien, di que no fue la gran cosa lo que el chico hizo: «Chico, ese era un pan barato. ¿Quién no lo hubiera dado de todos modos?» Pero para un muchacho que probablemente no tenía mucho, y quien no conocía a la persona que le hablaba, su entrega fue increíble. Fue radical.

¿Cómo aplicas esto a tu vida? Digo, sólo porque un muchacho dio hace mucho tiempo no significa que puedas dar del mismo modo, ¿verdad? No llevamos vidas iguales a las que llevaron Jesús y sus discípulos. No nos reunimos en una colina para comer. No vamos por los alrededores intentando captar una mirada del Salvador. Estamos en una sociedad distinta. Estos son tiempos diferentes. Además, ya casi no comemos pescado seco.

Muy bien, si estás diciendo todo esto, estás en lo cierto. Pero veamos lo que hizo el muchacho. Allí podrías encontrar algo para recordar.

El pequeño tenía poco y lo dio todo

Lo que el muchacho tenía en su mochila no era mucho. No dice por ningún lado que tuviera un carrito de compras lleno de comida. Sólo tenía un poco.

¿Cuán importantes eran esos alimentos? Quizás muy importantes. Podría haber sido el almuerzo del chico. De modo que entregarlos no era algo sensato. Sin embargo, lo entregó.

Dios aumenta nuestros pequeños sacrificios. Él toma y magnifica lo que parece una pequeña dádiva.

El muchacho no dudó

Me encanta la actitud de este pequeñín. Quizás me preguntes: «¿Qué actitud? No está registrado que el muchacho hubiera dicho algo».

Eso es cierto. Pero podemos suponer mucho acerca del muchacho basándonos en lo que la Biblia no dice. La Biblia no dice: «Cuando los discípulos fueron a tomar la comida, el muchacho se tiró al suelo y le dio una pataleta». No. Lo único que se nos dice es que la dio de buena voluntad.

Entrenamiento en el camino

¿Te interesa leer sobre alguien más que dio generosamente? Lee sobre la vida de Dorcas (Hechos 9.36-43).

Esta es mi opinión. Creo que este pequeñuelo estaba en presencia de la grandeza. Jesús debe haber tenido una figura impresionante. Imagínate, Dios encarnado, parado frente a ti, diciéndote que la gente tiene hambre y que tu almuerzo puede ser muy útil. ¿Cómo no vas a darlo? El pequeño lo dio de buena gana.

El muchacho no pidió un recibo

Este es un punto secundario pero importante de recordar. Este pequeñín no pidió nada a cambio. Hasta donde sabemos, no se detuvo a preguntar a los discípulos qué obtendría como resultado de su obsequio.

El chico simplemente dio como lo haría un niño. Sé exactamente cómo era este muchacho. Los chicos son así. Pueden ser increíblemente generosos para dar o tremendamente egoístas. Puedo imaginarme a este chico con la cara sucia (bastante alto como para alcanzar la cintura de Jesús) sosteniendo su almuerzo para que alguien lo pudiera tomar. Sin ningún egoísmo. Sin llevar cuenta de lo que está entregando. Solo lo entregó.

¿Te has parado alguna vez ante Jesús con tu bolsillo lleno de algo? ¿Alimento? ¿Una ofrenda? Esto es lo que debes hacer: muéstralo, entrégalo y mira cómo Dios lo usa. Te asombrarás de lo que Dios hará con lo que tú das.

Pero no verás nada si no lo entregas.

Así que, sube la ladera con tu posesión más valiosa y dásela a Jesús. Lo que verás suceder valdrá más que la posesión a la que renunciaste.

Entrega radical. Comunícate con tu niño interior y entrega lo que tengas.

Te sentirás feliz de hacerlo. Así como los que están a tu lado.

APLICACIÓN RADICAL

Está bien, puedo oír el chirrido de las sillas cuando los escépticos se retuercen en sus asientos.

—Pan barato. Sí, claro.

Crac.

—Era solo un chamaco. Quizás no sabía qué más hacer.

Crac. Crac.

—A las personas en los tiempos bíblicos les gustaba exagerar. Quizás fueron diez niños con camiones llenos de pescado, organizados detrás de la ladera.

Crac. Crac. Crac.

Siempre hay gente que duda de un milagro. Aquí va mi respuesta. Digamos que había diez muchachos con bolsas de MacDonald's escondidas bajo su ropa. Y que todos tenían camellos detrás de la colina. Han estado allí por días esperando que sucediera este acontecimiento planificado. Jesús llamó primero, puso una orden «para llevar» y ellos estaban listos.

¿Y qué?

Aunque todo esto fuera cierto (y no lo fue), tienes un muchacho dispuesto a dar. No le importó su edad. No le importó saber que estaba participando en un milagro más grande de lo que podía imaginar. Ni siquiera le importó que le estaba dando al Mesías (después de todo, ¿no se suponía que era el Mesías quien debía darle a *él*?)

> **Instantáneas**
>
> ¿Quiere saber sobre Jesús alimentando multitudes de oyentes? Lee Mateo 14.14-21 o Marcos 8.1-9.

¿Sabes algo? He sido cristiano por mucho tiempo y he aprendido mucho acerca de dar, de diezmar y de todo lo relacionado a esto. Sé todo lo que la Biblia tiene que decir acerca de dar. Pero con todo lo que sé acerca de dar, nunca diezmé *real y sinceramente* hasta el año pasado. No me malinterpretes, siempre he dado dinero a la iglesia. Sin embargo, sólo desde el año pasado he diezmado de todo cheque o dinero que pasó por nuestras vidas. Diezmé de todo. ¿Te imaginas qué sucedió?

Mi esposa y yo nunca hemos ahorrado mucho. No realmente. Siempre hemos guardado unos cuantos dólares para los días de escasez y solo para el caso de que todo se venga abajo de una sola vez. Pero el año pasado mientras estábamos diezmando ahorramos mucho. ¿Cuánto? Pues bien, dimos nuestro 10% y ahorramos entre 10 y 20% de nuestros ingresos. Tuvimos dinero para dar a otros. Y hasta compramos algunos muebles.

Entonces, ¿ahorrarás mucho dinero y serás bendecido si das a Dios? Eso no es lo que estoy diciendo. Digo que aprendí el valor de devolver a Dios lo que le pertenece. Si piensas en esto, no *tenemos* nada. Lo que tenemos es prestado. Dios nos da todo para que lo administremos. Cuando damos, solo estamos haciendo lo correcto con lo que el Señor nos da para administrar.

Jesús está en la cima de las colinas de nuestras vidas. Lo encontramos, con nuestras sandalias sucias y todo lo demás. Tenemos una bolsa llena de pan barato a la que nos hemos aferrado. Él extiende la mano y nos pide eso a lo que nunca pensamos que íbamos a renunciar.

¿Soltar la bolsa? Quizás. ¿Acercarla un poco más? Tal vez. Jesús no toma por nosotros la decisión de dar. Simplemente pide y luego deja que la decisión sea nuestra. Él mantiene extendidas las manos agujereadas por los clavos, esperando que recorramos el camino radical de dar, esperando que permanezcamos con Él en la ladera. Como un niño. Con unas pocas hogazas menos.

MI VIDA

Toma un momento para pensar en la idea de la entrega radical. Estas preguntas te ayudarán a aplicar lo que acabas de leer:

- ¿Qué habrías hecho si hubieras sido el muchacho con los alimentos?

- ¿Por qué crees que el muchacho estaba dispuesto a renunciar a su comida?

- ¿Cómo crees que hubieras reaccionado ante la situación si hubieras sido un discípulo?

- ¿Qué tienes que puedes darle a Dios?

- ¿Existe algo que te impide darle eso a Dios?

- ¿Qué tiene que ver esta historia con tu vida?

- ¿Por qué a veces se te hace difícil renunciar a tus cosas para dárselas a Dios?

- ¿Por qué a veces es más fácil dar para un niño que para alguien mayor?

- ¿Qué crees que Jesús hace con lo que le damos?

TODA LA VERDAD

La historia del muchacho con el almuerzo en Juan 6.1-15

Después de esto, Jesús fue al otro lado del mar de Galilea, el de Tiberias. Y le seguía gran multitud, porque veían las señales que hacía en los enfermos. Entonces subió Jesús a un monte, y se sentó allí con sus discípulos.

Y estaba cerca la pascua, la fiesta de los judíos. Cuando alzó Jesús los ojos, y vio que había venido a Él gran multitud, dijo a Felipe: ¿De dónde compraremos pan para que coman éstos? Pero esto decía para probarle; porque Él sabía lo que había de hacer.

Felipe le respondió: Doscientos denarios de pan no bastarían para que cada uno de ellos tomase un poco.

Uno de sus discípulos, Andrés, hermano de Simón Pedro, le dijo: Aquí está un muchacho, que tiene cinco panes de cebada y dos pececillos; mas ¿qué es esto para tantos? Entonces Jesús dijo: Haced recostar la gente. Y había mucha hierba en aquel lugar; y se recostaron como en número de cinco mil varones. Y tomó Jesús aquellos panes, y habiendo dado gracias, los repartió entre los discípulos, y los discípulos entre los que estaban recostados; asimismo de los peces, cuanto querían. Y cuando se hubieron saciado, dijo a sus discípulos: Recoged los pedazos que sobraron, para que no se pierda nada. Recogieron, pues, y llenaron doce cestas de pedazos, que de los cinco panes de cebada sobraron a los que habían comido. Aquellos hombres entonces, viendo la señal que Jesús había hecho, dijeron: Este verdaderamente es el profeta que había de venir al mundo.

Pero entendiendo Jesús que iban a venir para apoderarse de él y hacerle rey, volvió a retirarse al monte Él solo.

Verdad radical

El muchacho con el almuerzo dio todo lo que tenía aunque parecía muy poco para que hiciera alguna diferencia.

RADICALES MODERNOS

Cuando piensas en dar, ¿qué palabras vienen a tu mente? Déjame darte una mano. Te hablaré de Sergio.

Sergio se crió en Ucrania. Su hogar no era cristiano. El alcoholismo en su familia era tan grave que finalmente mató a su padre. Un año después mató a su madre y Sergio fue a vivir con su tío. Un año después de vivir solo con su tío, que trabajaba duro para conseguir el sustento, enviaron al muchacho a vivir en un orfelinato.

Cuando llevaba un año viviendo en el orfelinato, lo enviaron a un campamento cristiano a tres horas de distancia. Allí, el 7 de julio de 1995, conoció a Jesús. Lo que cambió primero fue su perspectiva. Aunque su actitud ante la vida pudo haber sido nada prometedora y sin esperanza, no fue así. Aunque se pudo haber enfocado en la muerte de sus padres y el abandono de su familia, no lo hizo.

¿Qué tal si...?

¿Qué crees que Jesús hubiera hecho si el muchacho no le hubiera dado su almuerzo? Seguramente habría buscado otra solución, pero el pequeñín se habría perdido la oportunidad de ser parte de un milagro.

Pero aunque la perspectiva de Sergio era totalmente distinta, las personas en el orfelinato hicieron lo posible por desanimarlo. «Nadie te amará jamás», le decían a menudo. Pero cuando sus «amigos» estaban seguros de que la esperanza se había esfumado para Sergio, él estaba consciente de todo menos desesperanzado.

Generalmente toma un año para que adopten a un niño en el orfelinato donde vivía Sergio. Él y quienes pronto irían a ser sus padres estadounidenses tardaron más de dos años en completar el papeleo.

La mayoría de las personas en la situación de Sergio pelearían hasta con las uñas por cualquier cosa que les perteneciera. Pero ese no es el caso de Sergio. A él le gusta dar.

Piensa en Sergio como un regalo ucraniano para los Estados Unidos. Este chico también es un regalo para su colegio. Cuando otros adolescentes están ocupados atacando violentamente a sus profesores, Sergio está animando a los suyos (en su primer día en el colegio agradeció al profesor por la lección). Cuando otros están dando pasos atrevidos para hacer caso omiso a Dios, Sergio les está recordando al Señor. Él ha sido muy franco en el colegio acerca de su fe. A Sergio lo conocen en el colegio como un dador. Anima de buen grado. Da su conocimiento sin temor ni pretensiones ocultas.

> ¿Te has parado alguna vez ante Jesús con tu bolsillo lleno de algo? ¿Alimento? ¿Una ofrenda? Esto es lo que debes hacer: muéstralo, entrégalo y mira cómo Dios lo usa. Te asombrarás de lo que Dios hará con lo que tú das.

Además, cuando los compañeros de Sergio necesitan ayuda, él está allí ofreciéndola. Cuando sus amigos necesitan consejo, también está presente. Sergio podría estar en su propio mundo, viviendo en un charco de lástima. Después de todo, perdió a sus padres y ninguno de sus familiares de sangre vive cerca de él. En vez de esto ha decidido darse a sus amigos. Ha escogido apoyar a sus profesores que hablan un idioma que apenas está comenzando a entender.

El espíritu de dar fluye del corazón de Dios hacia el interior de la vida de Sergio. Lo sensacional del caso es que él no deja que se quede allí. Él sabe qué tiene y no se avergüenza de darlo.

La vida de Sergio es increíble. Él inspira. Ese es el propósito de dar, ¿verdad? Inspirar a otros a echar a un lado sus problemas por un momento y enfocarse en lo bueno. Así es Sergio. Eso es lo que hace. Por eso todos los que lo conocen se impresionan. Por eso lo admiran en el colegio.

Eso es entrega radical.

13

Tú:

Fe radical

Si has llegado hasta aquí (y eres de los que leen los libros de principio a fin), ya conoces doce personajes bíblicos que en su juventud vivieron una fe radical. También conoces a doce jóvenes modernos que son ejemplos de algunos aspectos de fe radical. Espero que te hayan conmovido, inspirado y desafiado.

Hablemos ahora de *ti*. ¿Estás viviendo con fe radical? Si es así, ¿quieres llevarla más lejos? Si no, ¿quieres comenzar?

Este capítulo es donde puedes pensar sobre estas cosas. Es donde puedes comprometerte a profundizar más con el Señor. También es donde yo me salgo, pues tú y Dios van a escribir este capítulo.

Encontrarás una sección dedicada a cada cualidad de carácter que hemos analizado: sacrificio, consagración, etc. Usa el espacio provisto para componer una oración, documentar tus metas, escribir los versículos claves relacionados con esa cualidad (todo lo que Dios te inspire a escribir).

Recuerda, cualquier cosa que hagas, ¡es importante! No llenes simplemente el espacio. Pídele a Dios que te ayude a usar este capítulo para hacer *real* la fe radical en tu vida. Esta es la aventura radical final.

SACRIFICIO RADICAL

→ ....
....
....
....
....
....
....
....
....
....
....

CONSAGRACIÓN RADICAL

→ ....
....
....
....
....
....
....
....
....
....
....

AMISTAD RADICAL

→

VALOR RADICAL

→

SUMISIÓN RADICAL

➜ ....

....

....

....

....

....

....

....

....

....

....

COMPASIÓN RADICAL

➜ ....

....

....

....

....

....

....

....

....

....

....

ESPIRITUALIDAD RADICAL

→ ....

....

....

....

....

....

....

....

....

....

....

HEROÍSMO RADICAL

→ ....

....

....

....

....

....

....

....

....

....

....

OBEDIENCIA RADICAL

URGENCIA RADICAL

SERVICIO RADICAL

→ ....

....

....

....

....

....

....

....

....

....

....

ENTREGA RADICAL

→ ....

....

....

....

....

....

....

....

....

....

....